小专家
解决大问题
——开启小朋友知识
产权心智的金钥匙

【日】广田浩一 著 韩 辉 译

知识产权出版社
全国百佳图书出版单位

©2007 Koichi HIROTA

原书名：解决！ぼくらの知的財産　［第1話　特許編/体験学習～お掃除対決］
　　　　［第2話　意匠・商標編/校内バザー］［第3話　著作権編/運動会のキャラクターの絵］
出版社：社団法人発明協会

内容提要

　　本书围绕发生在若叶小学小智、健太、大福、美佳、奈彩、真美等六位小朋友身边的故事，生动形象地告诉小朋友什么是商标权、专利权、著作权及对它们如何保护，使小朋友们明白，知识产权其实并不深奥，它就在身边。本书可作为中小学阶段的知识产权教学材料。

　　广田浩一：1967年生，山梨大学工学部发酵生产学专业毕业，代理人（特定侵权诉讼代理），山手合同国际知识产权事务所所长，北里大学兼课讲师，东京医科牙科大学兼课讲师，山梨大学知识产权经营战略本部员。

责任编辑：龙　文　崔　玲　　　责任出版：卢运霞
责任校对：董志英　　　　　　　装帧设计：潜行者工作室

图书在版编目（CIP）数据

小专家解决大问题：开启小朋友知识产权心智的金钥匙/（日）广田浩一著；
韩辉译.—北京：知识产权出版社，2011.10
ISBN 978-7-5130-0800-6
Ⅰ．①小… Ⅱ.①广… ②韩…Ⅲ.①知识产权—儿童读物 Ⅳ.①D913-49
中国版本图书馆CIP数据核字（2011·）第181677号

小专家解决大问题
　　——开启小朋友知识产权心智的金钥匙
Xiaozhuanjia Jiejue Dawenti
　　——Kaiqi Xiaopengyou Zhishichanquanxinzhi De Jinyaoshi

【日】广田浩一　著

韩辉　译

出版发行：知识产权出版社
社　址：北京市海淀区马甸南村1号　　　　邮　编：100088
网　址：http://www.ipph.cn　　　　　　　邮　箱：bjb@cnipr.com
发行电话：010-82000860转8101/8102　　传　真：010-82005070/82000893
责编电话：010-82000887 82000860转8123　责编邮箱：longwen@cnipr.com
印　刷：知识产权出版社电子制印中心　　经　销：新华书店及相关销售网点
开　本：880mm×1230mm 1/32　　　　　印　张：4.5
版　次：2012年4月第一版　　　　　　　　印　次：2012年4月第一次印刷
字　数：130千字　　　　　　　　　　　　定　价：20.00元
京权图字：01-2012-1881

ISBN 978 – 7 – 5130 – 0800 – 6／D·1306（3692）

前言

用孩童的眼光、通俗易懂的语言来讲解小朋友们身边的知识产权

在本书中，故事将围绕小智、健太、大福、美佳、奈彩、真美六位小朋友及石井老师展开。故事的小主人公们凭借自身的力量解决了诸多由他们引发的、与知识产权有关的问题。通过本书，读者会发现小朋友解决问题的过程与知识产权法的主旨及内容并无太大差异，相信大家定能进一步切身感受我们身边的知识产权。本书设定的读者年龄层主要是与六位小主人公大致相同的儿童（小学高年级），由于故事内容主要是由孩子们的对话构成，想必小学低年级的学生也能够读懂。此外，因为是"保护知识产权"这样一个非常深奥的主题，所以，本书或许还能吸引从中学生到成年人等众多年龄层的读者吧。

市面上虽有一些围绕"知识产权"这一成年人话题展开的、面向儿童进行说明的书籍，但故事情节往往不够合理，无法引起小孩子们的共鸣。本书的策划理念不同于市面上现有的其他同类书籍：为了让孩子们真正地对知识产权产生兴趣，本书借助日常生活的场景，让他们意识到孩子们的世界里存在的规则实际上与成年人的世界里存在的规则并无太大差异，在小孩子们的日常生活中也能寻觅到"保护知识产权"这一理念的踪影。这样的策划理念、这样的着眼点，可以说，是史无前例的。

期待本书的出版能够让更多的读者进一步切身体会到"知识产权，其实就在我们身边"。

目 录

专利篇

体验式学习：大扫除对抗赛

第1章 大扫除对抗赛

一

这，是一座古老的寺庙。

寺庙附近有一所名为若叶的小学。在接下来的两天里，若叶小学四年级三班的六位小同学会来寺庙开展体验式学习。

称呼自己为"俺撒"、活泼且精力充沛的小智。

个子比较高、看起来心不在焉但实际上却有许多点子和主意的健太。

个头不高但喜欢争强好胜、对女生有着强烈对抗意识的大福。

戴着眼镜、做事认真、绰号为"小面包"的美佳。

习惯使用"偶"来表达自己、穿着洋气且性格开朗的奈彩。

石井老师

温柔、善于倾听、说话一语中的且令人信服的真美。

六位小主人公虽然有时也会发生争执，但是相互不同的个性发挥了很好的调和作用，所以彼此关系不错。

真美　　　奈彩　　　美佳　　　大福　　　健太　　　小智

且说，来到寺庙门前的六个人看上去有些惴惴不安。

大福：我很讨厌寺庙，总感觉会有妖怪出没，太可怕了！

健太：我也是……寺庙的师父们看起来也很恐怖。

美佳：说什么呢啊！不是你们说想在寺庙开展体验式学习，所以我们组才把学习地点定为寺庙的吗？现在又说……

奈彩：就是，美佳说的没错！偶们本来是想去净水场的……

一旁的真美也是频频点头表示同意。

大福：哈？拜托！也就是说，我们和你们原本都不想在寺庙开展体验式学习是吗？那我们为什么选了寺庙啊？！

大家开始抱头思考。

然后只见小智满脸愧疚地挠着头。

小智：这是不是得怪我啊……

美佳：啊，想起来了！的确，我们在决定学习地点的时候，小智说"坐禅或许不错哦"，后来大家不知道怎么的就选择了寺庙……

大福：就是就是。小智还说"说不定能在寺庙的院子里捡到古币哦"，然后大家就兴奋起来了……因为感觉在寺庙开展体验式学习会很有趣，所以最后才定为寺庙的哦。

奈彩：偶也记得哦。当时做决定的时候，倒是觉得寺庙会很有趣……

真美：我们决定来寺庙的时候，石井老师很是震惊哦，还说"这是刮的什么风呀，你们竟然选择寺庙"。

大家看上去都有些后悔，好像不应该随随便便地就把学习地点选为寺庙。

小智：好了各位，放心吧，一定会很有趣的！不要再担心啦！

大福：这话应该由我说才对吧。

大家一同笑了起来。

小智：那么，我们抓紧时间找古币吧！但是找到的古币要放在一起平均分哦，不可以一个人吃独食！

小智一边甩着手，一边朝着寺庙庭院里的一棵大树走去。

美佳：喂，小智你可真是……话说，要是没找到古币却找到了妖怪，那可怎么办呀！

小智：没关系，寺庙里的师父会陪着我们的。

小智

小智在大树底下做了一个拜佛祈福的姿势。

大家脸上又重现出惯有的快乐神色。

寺庙师父：啊，小朋友们好，欢迎大家的到来！我们已经从学校那里听说了你们来这里的原因。在本寺开展体验式学习的这两天里，你们可以自由活动、想做什么就做什么。大家就按照自己的想法开展活动吧！那么，我先失陪了！

寺庙里的师父说完这番话之后就离开了。

大福：可以自由活动、想做什么就做什么……但是，根本就不知道应该做什么才好啊！

美佳：告诉我们应该做什么，那样的话会比较轻松。现在这种情况应该怎么办呢……

六个人站在寺庙的院子里思考接下来应该如何是好，这时，班主任石井老师突然出现在他们面前。

石井老师：大家有在努力吗？

大福：石井老师，您来得正是时候！我们正犯愁呢，不知道应该做些什么。寺庙师父倒是让我们自由活动，说做什么都可以……

石井老师：大福，这下知道了吧，自己动脑筋思考"应该做什么"是一件让人很头痛的事情呢。在家里或学校里，被命令做这个做那个的时候，大家或许都觉得真啰嗦、真麻烦。但是，与"在别人的命令下做事情"相比，"自己动脑思考应该做什么"可是困难得多。你们就好好地地想一下吧！

美佳：哎，不会吧！老师，我们又没有在寺庙里生活过，哪里会知道应该做什么。

小智：所以嘛，我才说找古币。

石井老师：小智，那可称不上是体验式学习哦，毕竟不是让大家来这儿游玩的……老师倒是觉得，其实有很多事可以试着做一做哦……

真美：嗯……我觉得大扫除或许会不错……

大福：喂喂，这可是座古寺庙哦！就算认真打扫，也不会变漂亮的。大扫除这件事情本身简直就是白费工夫！

石井老师：大福，真是这样吗？来，大家好好看一下这座寺庙。的确，年代久远。但是，看上去很脏吗？

大家环顾四周。

小智

奈彩：啊，或许比我们学校还干净呢……

健太：感觉比我们家干净多了……

仔细看过之后，发现寺庙的柱子和地板都被打扫得很干净。

石井老师：在寺庙里，师父们每天早上起床后都会用心地打扫卫生。所以，建筑本身或许有些老旧，但却很干净哦。我觉得，要是大家能打扫得比师父们还干净，不但能让他们大吃一惊，而且会很高兴……

美佳　　　　真美　　奈彩

听完石井老师的话，大家陷入了沉思。

小智：大扫除，感觉试试也不错哦。打扫的时候，说不定能扫出古币来……

石井老师：小智，你还惦记着那件事啊！

大家哄笑起来。

美佳：老师，这样的话，我倒是有一个建议。可不可以把男生分成一组、把女生分成另一组呢？

石井老师：为什么呢？

美佳：还不是因为大扫除的时候男生不肯合作嘛，让人很讨厌的。难得开展一次体验式学习，怎么都是做，我想认真一些。

石井老师：要是这样的话，那我让男生们配合一下怎么样？

美佳：那肯定行不通，因为一直以来我都要求他们这样做，但是……每次大扫除，小智和大福就知道捣乱，健太根本就什么都不做……

大福：小面包说起话来总是很拽，真让人上火！

"小面包"是美佳的绰号。正在学钢琴的美佳有一次在教室里，当着同学们的面说她很崇拜肖邦，大福听了之后说道："哈？你竟然崇拜什么'小面包'？好歹你也得选个'法国面包'啥的吧。"大福的话引得大家哄堂大笑，从那儿之后，大家开始戏称美佳为"小面包"。

小智：就是！想拽的话，起码也得等自己变成"法国面包"再说啊！

大福：健太，你和我们想法一致对吧？

健太：所谓上火，是不是火气上升的意思啊？到底什么才是"火气"呢？

健太花心思考虑的事情，总是与众不同。

大福：你这个家伙，在想什么呢！

大家都笑起来。

石井老师：OK，那大家就来一场男女大扫除对抗赛吧！本来没必要刻意搞什么比赛，但既然大家有意一决高下，那就这么定了吧！

所有人：太好了！

石井老师：还有，来这儿之前、在学校的时候我叮嘱过大家，开展体验式学习时，开动脑筋、寻找办法是非常重要的。大家一定不要忘记这一点哦！

所有人：知道了。

大福：我们帅哥队是怎么也不会输给丑女队的！

奈彩：人家帅哥才不会像某些人似的，动不动就说什么"俺撒"之类的土话。偶们超女队肯定会把你们打个落花流水！

小智：俺们撒，可从来没见过有哪个超女会张口闭口地称自己为"偶们"！

很快，空气里貌似就已经可以闻到男女对抗的火药味儿了。

二

男生们凑在一起研究作战计划。

小智：咱们仨，从哪儿开始打扫呢？

大福：是啊。我们说什么也不能输给女生队，考虑怎么作战是非常重要的。提到制订作战计划，健太应该比较擅长吧！

小智和大福一同把目光转向健太。只见健太双手环抱在胸前，好像正在思考着什么。

健太：OK，那我公布作战计划啦！得小点儿声，不能让女生们听到！你俩都凑过来啦！

健太小声地在小智和大福耳边说了几句。

大福：原来如此……不愧是健太，简直就是我们的军师！

小智：这样的话，毫无疑问，赢家肯定是咱们撒！

为了让女生们听到，大福和小智都故意地大声说道。

健太拟订的作战计划是，重点打扫寺庙建筑物的走廊。至于建筑本身之外的庭院，无论打扫多少次，只要风一吹就会落满树叶和垃圾。赶上下雨还会淋湿，不下雨时若太阳很毒又会太热。要是在房檐底下，就不用担心这些问题了。走廊地面看起来锃光瓦亮，可以一边玩溜冰游戏一边打扫。另外，由于面向游廊，所以可以把垃圾和灰尘直接扫到外面。以上就是健太的理由。

这边，女生们也在举行作战会议。

美佳：男生队的作战计划好像是健太制订的呢，不过，想必水平肯定不能与真正的"作战"相提并论啦。对了，大家觉得男生们想打扫什么地方呢？

奈彩：正门。

真美：庭院。

美佳：很可能是走廊哦。既能遮风，又能避雨，打扫卫生的时候还能玩溜冰游戏，他们肯定打的这种如意算盘。

奈彩：有道理哦。小智在学校打扫走廊卫生的时候就经常玩溜冰游戏呢。

真美：没错，没错。

美佳总是能猜个八九不离十。

奈彩：那我们也选走廊好了！大家都打扫同一个地方，这样才能凸显出偶们的实力啊！

真美：快看，男生们正一脸坏笑地看着咱们呢。

美佳：他们肯定认为自己的作战计划完美得不得了吧，殊不知早被我们看穿了！OK，这次对抗赛我们赢定了。在同等条件下打扫卫生，我们没有道理会输给男生！

六个人分别去取打扫卫生用的工具。

小智和大福拿着盛满水的水桶和抹布，健太拿着一根圆木来到了寺庙建筑的走廊。

只见，女生们拿着抹布正在擦拭走廊。

大福：喂，等一下等一下，走廊是由我们组负责打扫了啦！

奈彩：谁规定的啊？偶们可是受寺庙师父所托哦！

小智：少撒谎了，那不可能！莫非，你们偷听了俺们仨的作战计划？

美佳：你们的那种作战计划，压根儿就不值得我们听。

大福：你说什么？！

大福的脸涨得通红，一想到女生们率先抢了走廊这块宝地就觉得窝火。

美佳　　　　大福

第2章 闪亮小人儿登场

一

健太：没关系啦！
我们后打扫反而能毫不费
力地取胜。咱们可是有秘
密武器哦。

　　健太手拿圆木，不
知为何，充满了自信。

健太：锵锵~~来，
我们把抹布裹在这根圆木上。你们看，等整个圆木都卷上抹布之后，它
就变成了拖地板的工具，不可思议吧！给它取了个名字，叫"闪亮小人
儿"。而且，这个闪亮小人儿长度正好跟走廊宽度相等。所以，只要有
闪亮小人儿在，围着走廊转一圈就可以把地板打扫干净了！怎么样，我
是不是个天才？

小智和大福：太强了，太棒了！不愧是健太老师！

　　健太双手环抱在胸前，看上去得意洋洋。小智和大福两个人不断地
朝他摆出欢呼万岁的姿势。

大福：健太，你果然没有让我失望，想出这么一个制胜方案。太让
人高兴了！

美佳：指望用那种东西打扫卫生，真是做梦呢。别理他们，我们继续用抹布擦地吧！

奈彩和真美均点头表示同意。

女生们沉默不语地继续用抹布擦地。

但是，闪亮小人儿的本领远远超出了女生们的想象。一眨眼的工夫，男生队已经把走廊擦拭了一遍。小智、健太、大福三个人的脸都笑成了一朵花。

小智：健太，这个闪亮小人儿真是太棒了！照这样下去，毫无疑问，肯定是咱们仨获胜！

大福：女生们表面看起来一副漠不关心的样子，但内心肯定超级懊悔啦！

大福把手指向女生们。

奈彩：偶们在速度上比不过他们啦！这样下去，肯定会输。不行，偶不甘心，偶也去做个闪亮小人儿！

奈彩一边说着，一边走了出去。

美佳：奈彩，等一下。你要去哪儿啊？

真美：奈彩，你回来啊！快点儿，求你了。

男生队发明的"闪亮小人儿"

猫咪教授

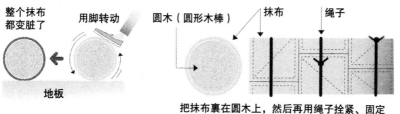

整个抹布都变脏了

用脚转动

地板

圆木（圆形木棒）

抹布

绳子

把抹布裹在圆木上，然后再用绳子拴紧、固定

过了一会儿，奈彩回来了，手里拿着一个闪亮小人儿。

美佳： 奈彩，这是怎么回事呀？

奈彩： 偶也做了一个闪亮小人儿，这样我们就不会输给男生队了。若要比谁打扫得认真仔细，那还是偶们略胜一筹吧。只要用这个把打扫卫生的速度提高起来，那就没有什么可担心的了！

真美： 奈彩啊，说不定男生队会指责我们哦，譬如"不许仿造我们的闪亮小人儿"等。

美佳： 我也担心真美说的这个问题，感觉他们是不会让我们用闪亮小人儿的。

男生队好像还没注意到奈彩也做了一个闪亮小人儿。三个人正相互搭着肩膀，嘴里还哼着歌曲，用脚转动闪亮小人儿来打扫走廊的地板。

美佳： 那三个人，看起来就像是奥运会的领奖台！

三个男生相互搭着肩膀，最高的健太站在中央、小智站在健太的左侧、个子最矮的大福则站在健太的右侧。从后面看上去，三个人的背影透露着一股自豪。

二

真美和美佳的预感很灵。

看到奈彩做的闪亮小人儿后，男生们朝着女生们涌了过来。

小智：喂！谁让你们随便仿造俺们的闪亮小人儿的？！

大福：闪亮小人儿可是健太发明的哦！随随便便地仿造出来使用，这样是不是不太好啊？！

奈彩：那偶倒要问一问了，小智和大福，你们不也在擅自使用健太发明的东西吗？

大福：我们可没有擅自使用，我们是和健太一起用的。健太允许朋友们使用他发明的东西，是吧，健太？

健太：那当然了。

奈彩：这么说，健太，偶们和你也是朋友，用一用也是可以的咯？

健太：你们女生可不是我的朋友！

石井老师：嗨，你们在吵什么呢？到底发生什么事了？

美佳：石井老师，您来得正好。

美佳把事情经过从头到尾给石井老师讲了一遍，奈彩也一脸担心地在一旁听着。

"哈哈……"，石井老师大笑了起来。

石井老师：健太，你真是发明了一件好东西呢！奈彩你也真够厉害的！哈哈……

美佳：老师，您认真听我们说啊！

石井老师：美佳，老师可没有和你们开玩笑哦。那好吧，接下来我就先听听你们每个人的意见，然后大家再一同商量应该怎么解决。

于是，大家开始分别阐述自己的意见。

小智：老师，闪亮小人儿是健太发明的，所以想要使用它的时候，是不是应该先跟健太打声招呼呢？俺是这样认为的。

大福：我同意小智的观点，因为仿造比发明轻松多了！随随便便地就被仿造了，那发明人健太岂不是太可怜了？！

美佳：我们是想把这所寺庙打扫干净，为了实现这个目的，如果有便利的大扫除工具，那大家平等地加以利用也是无可厚非的呀！

真美：我同意美佳的说法。

大福：你们真正的想法，只是想赢得大扫除比赛，不是吗？！

石井老师：好啦，大福。大家都有很多想法呢。被仿造的健太和仿

造的奈彩都选择沉默，小智
和大福的发言偏向于健太，
而美佳和真美则护着奈彩。
嗯，跟审判案件一样，真有
趣呢。

石井老师面带微笑地说道。

三

石井老师： 这场大扫除比赛，虽然只是体验式学习的一种方式。但是，老师事先有告诉过你们吧：开展体验式学习时，最重要的是动脑筋思考。所以，在大扫除比赛过程中，如果有人动脑筋思考了，那大家是不是应该给予尊重呢？换句话说，闪亮小人儿是健太动脑筋发明出来的，那我们是不是应该尊重他呢？

男生队： 就是，就是，举双手赞成！

奈彩： 老师……说实话，偶的确是不想输掉比赛，所以才仿造了健太发明的闪亮小人儿。

美佳： 奈彩！

真美： 奈彩！

大福： 果不其然！这样的话，从现在开始，你们不可以再使用闪亮小人儿啦！

小智： 你们要是肯把发现的古币送给我们的话，那让你们使用闪亮小人儿倒也无妨。

石井老师： 大福、小智，你们稍等一下呀！那我问大家，举办大扫除比赛的初衷是什么呢？

小智：为了让寺庙变得更干净！

石井老师：嗯，没错！为了实现"让寺庙变得更干净"这个目的，那大家是不是最好一起使用闪亮小人儿呢？

大福：哎，老师，等一下！刚才听您那话的意思，感觉是让我们尊重闪亮小人儿，女生队不可以自由使用！现在话锋一转，怎么又成了大家最好一起使用了呢？您的话岂不是前后矛盾了！

石井老师：老师也知道自己说的话前后矛盾，但是每句话都是真心的。大家觉得应该怎么办才好呢？

所有人都陷入了沉思。

真美：哎，大家听一下我的想法怎么样？因为闪亮小人儿是健太思考并发明出来的，那我们就应该认同：谁要是想使用闪亮小人儿，必须事先征得健太的同意。但是，闪亮小人儿的功能实在是不可小觑，如果在体验式学习结束之前，大家不能自由地使用它，那么就不能实现"让寺庙变得更干净"的目的。所以，大家看是不是可以这样：今天一天，作为发明人的健太有权决定闪亮小人儿归谁使用；但明天，所有人都可以自由使用闪亮小人儿。这个主意怎么样？

美佳：我同意真美的想法。

奈彩：偶也同意。

小智：俺也举双手赞同。

大福：这样的话倒是还能接受。

健太：这个主意不错，我也同意。

赞成！

石井老师：真美，你可真了不起！能想出这么好的解决方法，真是帮了老师一个大忙！

真美的提议得到了大家的一致认可，于是，小朋友们开始继续打扫卫生。

虽然健太同意女生队也可以使用闪亮小人儿，但是要强的奈彩谢绝了健太的好意、声称女生队无意使用。所以，女生们还是跟之前一样，不借助闪亮小人儿，坚持用手拿着抹布擦拭地板。

第3章 晓光登场

一

大福： 奈彩那个家伙，根本就用不着那么要强嘛。

小智： 就是！其实只要她们肯把找到的古币，要是没古币的话，奇奇怪怪的石头也行，只要她们肯把这些东西给咱们仨，咱们就不会不让她们使用。要是咱们轻而易举地就赢了，那也怪没意思的……

当大福和小智乐观地认为男生们一定能笑到最后时，只有健太脸上露出了闷闷不乐的表情。

健太： 这下可麻烦了！闪亮小人儿的本领还不够强大……

大福： 喂，健太！你有没有听我们说话啊？现在我们俩谈论的可不是闪亮小人儿的本领！

健太： 嗯……我发明的这个闪亮小人儿，用它滚动着擦拭走廊地面倒是很方便，只是上面裹的抹布却很容易脏。如果不及时更换、继续用脏抹布擦地的话，反而会让地面越来越脏。大家看，抹布已经变成黑色了！

小智和大福把目光转向闪亮小人儿。

小智： 的确，抹布已经完全变黑了。

健太： 而且，这个闪亮小人儿还有一个让人头痛的问题。现在，我们通过滚动闪亮小人儿来擦拭走廊地面。但是，闪亮小人儿表面的抹布与地面的接触面积较小，而且接触力也不够强，所以走廊地面打扫的并不太干净。来，大家看一下女生们擦过的地面！

大福： 啊……女生队擦过的地面还真是干净呢！

小智： 这样一来，我们就只是在速度上占优势。

健太： 有必要改良一下呢……

二

美佳： 刚看到闪亮小人儿的时候的确有些着急，但现在看来它只不过是在速度上占优势而已，根本就擦不干净嘛。我们虽然在速度上比不过男生，但是用手一点点擦拭还是值得的，我们打扫得多干净呀。

真美： 嗯。

奈彩： 但是，按照目前的速度，恐怕很难打扫完走廊。时间方面，让人有些担心呢。

美佳和真美也点头表示同意。

奈彩： "啊，你们稍等我一下。我想出一个好主意来！"

奈彩一边说着一边走了出去。

真美：奈彩到底想出了怎样的好主意呢？

美佳：在奈彩回来之前，咱俩先好好加油吧！

真美：OK！

不一会儿，奈彩满脸笑容地回来了。

美佳：哎？奈彩，你手里拿的不是闪亮小人儿吗？

真美：奈彩！我们要想使用闪亮小人儿，必须要先争得健太的同意哦。你问过健太了？

奈彩：美佳、真美，难道这个东西看上去还是很像闪亮小人儿吗？

美佳和真美：嗯！

奈彩：才不一样呐！闪亮小人儿做工太不讲究了，我手里拿的这是与它完全不同的晓光。

奈彩一边回答，一边摆出其擅长模仿的偶像姿势。

美佳：虽然名字叫晓光，但在我们看来，完全就是闪亮小人儿呀。真美，你说是吧？

真美：嗯。抱歉啊奈彩，的确就像美佳说的那样，看起来完全就是闪亮小人儿呢。

奈彩：既然这样，那就由偶来隆重介绍一下晓光吧！

奈彩开始描述晓光的功能。

美佳：嗯，有道理。奈彩，你可真棒！晓光的出众，可真不是闪亮

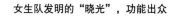

女生队发明的"晓光"，功能出众

小人儿所能比拟的呢！奈彩，我对你真是刮目相看了！

从外形上看，晓光和闪亮小人儿并无大异。那二者到底有何不同呢？其中的奥妙就在于缠裹抹布的木头上：闪亮小人儿是一块圆木，而晓光则是一块方木。

虽然看起来只是微不足道的差异，但体现在功能上却是天壤之别。由于缠裹抹布的木头是方形的，所以晓光不会在走廊上随意滚动。若想使用晓光擦地，就必须用力向前推。这样一来，正如用抹布一点点擦拭那样，可以把走廊打扫得非常干净。此外，正因为晓光不会在走廊上随意滚动，所以一旦与地面接触的抹布变脏，就可以转动一下木头、调整一下与地面接触的平面，这样就可以用干净的抹布继续打扫卫生了。因为变脏的抹布不会接触到走廊地面，所以擦拭的效果会很出众。无疑，晓光是一件很棒的发明，它很巧妙地解决了闪亮小人儿存在的问题。

真美：奈彩，晓光的确很棒，但是我有一点比较担心：因为外形方面，晓光实在是太像闪亮小人儿了，所以男生们恐怕又要说三道四了呢。

美佳：那的确很有可能哎。但是，奈彩发明的晓光可是改良过的，与闪亮小人儿相比，它的功能恐怕已经超前了10年哦。万一到时候男生们说三道四，那我们只要向他们展示一下晓光的本领到底有多出彩不就行了！

奈彩：不管那么多了，我们首先要抓紧时间利用晓光来打扫卫生！速度方面，我们已经落在男生们后面了。

三

以为女生队打扫卫生速度太慢，男生们开始消极应战、掉以轻心。不知从何时起，他们竟然开始在寺庙的院子里寻找起了古币。

大福： 哪儿有什么古币啊！感觉被小智骗了。

小智： 谁会想到寺庙能打扫得这么干净啊，所以才找不到古币。要是年代久远的农家庭院，或许还能找到。但是，咱们不是捡到很多奇怪的石子吗，可以知足啦！

健太： 我们差不多回去吧！我猜女生队打扫卫生的速度也不会太慢啦！

"啊……找古币比打扫卫生还累人呢！"男生们边说边往回走。

美佳： 男生们回来啦！快点，我们就装作没看到。

奈彩和真美： 嗯！

看到女生队之后，男生们一齐涌了过来。

小智： 喂……！那些小丫头们，竟然趁咱们男生去找古币的空儿，

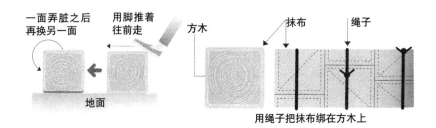

一面弄脏之后再换另一面　　用脚推着往前走　　方木　　抹布　　绳子

地面

用绳子把抹布绑在方木上

擅自使用起闪亮小人儿来了！

大福：奈彩那家伙，刚才还嘴硬、逞强说不想用呢！现在居然趁咱们不在的时候见缝插针、偷偷摸摸地使用闪亮小人儿。不过你看她们，一点都没有做贼心虚的样子。女人啊，果真是可怕！

健太：喂，那边的女生！你们现在用的难道不是我发明的闪亮小人儿吗？

美佳：我就知道你会这么问。不过让您失望了，我们使用的是"晓光。"

真美略显担心地看着美佳。

大福：喂，小面包！你以为无需征得健太的同意、只要把名字从"闪亮小人儿"换成"晓光"就可以随意使用了吗？我们又不是傻子，任谁都能看出来，你们那玩意儿简直就是闪亮小人儿的翻版。

奈彩：的确，从外形上看，晓光和闪亮小人儿是有些相似，但是说到底，它们可是两个完全不同的东西。因为缠裹抹布的木材形状不同，你们是圆木，我们这是方木。怎么样，不一样吧？

大福：什么跟什么呀！不管你们那木头是圆还是方，但说到底都是木头！你们讲的那些，简直就是歪理！

大福脸色通红，抬头看着奈彩。大福身高只到奈彩的肩膀，一半是气

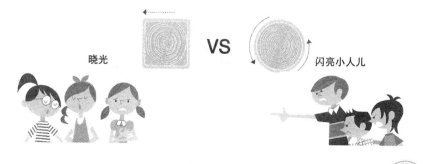

晓光　　**VS**　　闪亮小人儿

愤、一半是需要仰视对方的羞耻
感，这让大福的脸涨得格外通红。

健太：真是佩服……不得不
承认，就功能来说，晓光要比闪
亮小人儿出色得多。

大福：你说什么呀，健太！
在俺们看来，晓光不过是闪亮小
人儿的翻版罢了！

健太开始向小智和大福讲解晓光和闪亮小人儿在功能方面有何不同
之处。因为健太很了解自己发明的闪亮小人儿的缺陷，所以他很清楚晓
光到底有多棒。

小智：有道理……多亏健太的讲解，俺现在终于知道闪亮小人儿和
晓光的差别在哪里了。

大福：但我总感觉心里有些不痛快呢。不管怎么说，那个晓光长得
也太像我们的闪亮小人儿了！就算已经告诉我两者有何不同，但心里总
觉得没办法接受呢。

这时，石井老师突然出现在大家面前。

石井老师：你们啊，看来又产生争执了。我可是全部都听到啦。

美佳：老师可真过分。您应该早点现身嘛！

石井老师：哎呀，别这么说嘛。你们各自的想法都很有道理啊，这
次你们打算怎么解决问题呢？

只有石井老师看起来饶有兴致。

小朋友们则一同陷入了沉思。

真美：嗯，我认为首先要弄清
一个问题，那就是闪亮小人儿和晓光
到底是不是同一件发明。毕竟，如果
是同一件发明的话，使用之前就必须
先征得健太的同意。这是大家事先一
致同意并决定的……

石井老师：真美的话真是一针
见血呢。大家都怎么认为呢？

所有人：同意。

石井老师：那么，认为闪亮小人儿和晓光是不同物品的人，请举
手！不过得事先说明一下，老师可没打算用"少数服从多数"的原则来
解决问题哦。

除大福之外，所有人都举起了手。

石井老师：大福，你认为闪亮小人儿和晓光是同一件物品吗？

大福：我当然知道功能方面，晓光要比闪亮小人儿强很多……但
是，只不过是把圆木改成方木……仅凭这个就说二者是不同物品，这实
在是有点……

健太：大福，坦率地说，能想到把圆木改成方木实在是很了不起。
至少我就没注意到这一点……

大福：要是连闪亮小人儿的发明人健太都这么说的话，那我就无话
可说了。那么，我暂时认同闪亮小人儿和晓光是不同的物品。

石井老师：好的。也就是说，大家一致认为闪亮小人儿和晓光是两件

不同的物品咯。那么，是不是可以认定，女生队能够自由使用晓光呢？

小智和美佳均表示赞同，而健太、大福、奈彩和真美则沉默不语。

石井老师：表示赞同的人看起来有些少呢。

大福：晓光和闪亮小人儿可能是两件不同的物品，但无论是外形还是构造，二者并无差异，而且它们打扫卫生的速度都很快。所以，仅因为作了一点点改良，就可以自由使用晓光，这是不是有点……毕竟原样照搬了闪亮小人儿的制作原理，如果使用晓光不必征得闪亮小人儿发明人健太的同意，我总觉得对健太或许有些不公平。

真美：我的看法和大福差不多。晓光是在对闪亮小人儿进行改良之后发明出来的物品。虽说两者功能不同，但因为无论是外形还是构造都十分相似，所以我觉得晓光基本上沿袭了闪亮小人儿的创造理念。这样考虑的话，正如大福所说，使用晓光时，是不是应该事先征得闪亮小人儿的发明者健太的同意呢？而且这也是对健太开展发明创造的一种尊重……

大家一边认真听着真美的话，一边点头。

美佳：但是真美，要是健太不同意我们使用闪亮小人儿的创造理念的话，那又该如何是好呢？奈彩好不容易才发明出来的晓光，我们岂不是不能用了？

真美：到那时候，要是健太不同意我们使用，为了确保体验式学习能够顺利进行，我们让石井老师代替健太批准不就可以了？

石井老师：嗯，有道理！原来为了确保体验式学习能够顺利进行，我能代替健太同意大家使用晓光啊！老师的权力可真够大的！我很喜欢真美的这个主意。

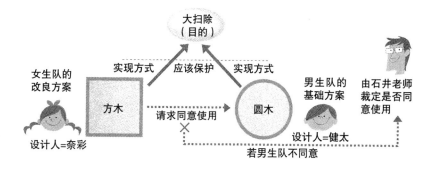

石井老师看上去很开心。

健太：老师，因为我知道晓光厉害在哪里，所以要是女生们肯征求我的同意，那我是不会拒绝她们的。但是，要是可以的话，我们男生也想使用一下晓光呢。

石井老师：哦……健太的心情老师也不是不能理解呢。

奈彩：要是那样的话，偶们也同意让男生们使用晓光。毕竟发明闪亮小人儿的健太都已经同意我们使用晓光了，我们要是再拒绝他们的请求，那体验式学习就变味儿成纯粹的比赛了。偶们是心胸宽广、人见人爱的偶像，所以啦，同意让你们用晓光……

小智：看不出来，傻乎乎的奈彩还挺善解人意的。

奈彩冲着小智做了一个鬼脸。

石井老师：大家的主意都很不错呢。不知道老师是不是上年纪了，最近完全想不出什么好主意。看来我也得好好向你们学习……

大福：老师，您想不出好主意这可不是最近的事儿……

据说直到现在，寺庙师父都在使用着闪亮小人儿和晓光。

小智： 咳咳咳，石井，你要是有什么问题尽管问我小智老师好了。

石井老师： 有没有搞错！小智老师，俺没有问题。

大家一齐笑了起来。

四

男生队： 两天一转眼就过去了呢！

女生队： 就是哦。

大家看上去都非常开心

这六位小朋友。在体验式学习的第一天，还上演了一场大扫除男女对抗赛。但随着闪亮小人儿和晓光的登场，大家开始共同商议如何使用。最后，男生队开始使用晓光，而女生队也用起了闪亮小人儿。男生们很中意晓光，用晓光把走廊从头到尾又重新擦拭了一遍。

到最后一天的时候，双方不再对抗，开始相互合作。男生们先用闪亮小人儿把走廊大致擦一遍，然后女生们再仔细地用晓光擦拭一遍。如此共同协作，大扫除的效率一下子高了很多。

体验式学习终于进行到了最后。最后，六位小朋友聚在一起，听寺庙里的师父讲话。

寺庙师父： 首先，谢谢大家帮我们打扫寺庙卫生。其实，我一直在远处关注着你们，看到你们时而展开激烈的竞争，时而吵架斗嘴，时而共同商议、解决难题……各自提出不同的意见，最终得出相互认同的意见——你们做得很棒！最后，大家相互配合、顺利地完成了大扫除。人类，是无法一个人独自生存下去的。相互合作、相互配合、携手共存，这是非常重要的！我相信，凭借在此次体验式学习中学到的东西，在今后的人生道路上，大家要是再碰到与他人开展合作的难题，一定能够顺利解决。可以说，这两天里，我从你们身上也学到了很多东西。

一向面容严肃的寺庙师父终于露出了微笑。

受寺庙师父笑容的感染，小朋友们也绽放出灿烂的笑容。不知道为什么，每个人看起来都是那样的神清气爽。

寺庙师父： 还有，石井老师，看来你有必要在这里学习一段时间呢。

六位小朋友一齐大笑起来，嘴里喊着"耶！"
落日的余晖洒满了整个庭院。

第4章 知识窗

一

在本篇介绍的故事中，每当遇到问题时，大家都会聚集在一起进行讨论。这种解决问题的方法一般称为"规则"（更专业、更难一点的表达方式是"法规"或"法律"）。想必大家也听说过这一说法。

大家都知道，躲球游戏①等儿童游戏中也有其相应的规则。所谓规则，因为是大家共同制定的，所以必须要遵守。如果谁不遵守规则，那他就不能继续玩游戏。就像玩躲球游戏时，如果被球击中的人一直留在球场里，那游戏就无法继续。

在我们生活的这个世界里，也有各种各样的规则哦。

大家一起来想一想吧！

学校的班级里也有规则吧。比如，大扫除值日一星期轮换一次，在值日生的口令下大家相互问安等，这些都可以称为规则。

整个学校层面上，也是有规则的吧。比如，不许在走廊里跑动打闹，进入校园之后要换上校内专用的鞋子等，这些也都是规则。

①躲球游戏：儿童游戏的一种，分成"丢球"与"躲球"两组，躲球的人被丢球的人用球击中，则判为输，必须下场。类似中国的"丢沙包"游戏。——译者注

同样的道理,大家居住的街道有街道的规则,日本这个国家有国家的规则,世界上各个国家都是有规则的。

为什么会存在这么多的规则呢?

答案很复杂。但是简单地说,是因为人类没办法一个人独自生存,必须要和周围的人保持关系。

如果有人很任性,总是制造出各种麻烦的话,就会给周围人造成困扰。所以,大家才共同商议出了很多规则、并严格遵守,这样才便于彼此开展活动。制定规则并严格遵守,可以说,这是人类生存的智慧。

比如,交通规则中有规定:当信号灯是红色时,车辆和行人都不能前行。这就是人类制定的一条规则。要是有车辆无视这条规则,那可能就会引发交通事故。大家都按照绿灯的指示、安心地横过马路时,旁边却冲出一辆无视红灯信号的汽车……单是想象,就足以让人不寒而栗。这样的交通规则,在《道路交通法》中都有所体现。

其他的,再比如,大家都知道,偷盗他人的物品是很恶劣的行为。所以,为了防止这类恶劣事件的发生,大家就制定了规则来惩罚做坏事的那些人。

这类惩罚做坏事的人的规则,我们称其为"刑法"。

可见,在我们生活的这个社会里,实际上存在着各式各样的规则。

二

跟本篇中发生的故事一样,在日常生活中,想必大家也会共同商议解决各种各样的难题吧。像大家共同商议制定的这些规则,实际上,在日本这个国家、在大家生活的地区,都以"法律"的形式存在着。

前面提到的这六位小朋友,围绕闪亮小人儿和晓光展开了探讨,并最终做出了决定。实际上在日本，存在与这类决定相似的规则，是被称为"专利法"的法律。

制定法律时，往往先由大家投票选出本地区的代表，然后来自全国各地的代表们齐聚国会，在国会上展开讨论并最终制定出相应的规则。

所谓专利法，它其实就是一些规则，用于保护发明，即与技术有关的创意。

在专利法中，想出与技术有关的新创意的人，在一定的时期内，可以将这些创意占为己有，其他人不可以擅自使用这些创意。毕竟，他们是好不容易才想出的创意，如果别人可以随意使用，那自然会引起创意人的不满。换句话说，如果产生一项新的创意时，大家可以毫无顾忌地自由使用，那么，或许今后就没有人愿意再去从事创意发明了。所以，专利法规定，想出新创意的这些人，在一定的时期内，可以一个人独享这些创意。这样，在专利法的保护下，大家就会为了一项新的发明或创意而努力。

接下来，再以大家喜欢的游戏机为例进行说明。

如果没有专利法，即便努力地发明新的游戏机，发明人也不会得到应有的保护，其他人或许可以随意地使用这些新的游戏机。这样下去，就没有人再愿意去发明新的游戏机，从此，市面上或许会一直都是功能老旧的游戏机。

但是，如果有专利法，那么发明新游戏机的人就能够独享出售新游戏机的权利，所以很可能会大赚一笔成为富翁。这样，发明人就会想：为了发明出新游戏机而花费的那些心血，真的没有白费呢。只要能发明新的游戏机，就能得到专利法的保护。这样一来，就会有越来越多的人为了发明新的游戏机而努力，游戏机的功能也会不断改进。这对于通过游戏机娱乐的人来说，无疑是件好事。

不断催生新的技术性创意，通过点滴的积累，让人们的生活变得更加富裕、更加便利（比较难的表达方式是：实现产业繁荣）——制定专利法的目的正在于此。

第5章 致家长及老师

一

关于本篇中发生的故事，想必在很多小学都会看到类似的场景。若家长及老师回想一下各自的小学生活，或许也会有似曾相识的同感。

在孩子们以及我们大人们的日常生活中，在相互保持关系的家庭及社区中，即便没有相应的法律规定，但应该也会存在很多可以等同为"法律"的规定。在本书中，没有提到"什么是法律"等法律工作者通常考虑的非常难的话题，而是以大家共同商议后制定的规则来取代"法律"。

作为智慧的结晶，自古以来人类就制定了很多规则。由于规则会制约人类的行动，因此如果规则的数量过多就会让人感觉不自由；但如果太少，社会秩序恐怕就会变得杂乱无章。所以，在制定并运用规则时，有必要把握好其间的平衡。

与自然科学不同，人类世界里不存在绝对的事情。譬如一件事是否妥当，它的适用性就会成为需要人们考虑的问题。大家制定的规则也一样，如果缺乏适用性，那么就必须对其进行修正或者废除。法律也不例外，若随着时代的发展，法律变得滞后、缺乏适用性时，就必须废除，或者修正其内容、使其变得适应社会的发展。

二

在本篇发生的故事中，男生队认为，因为闪亮小人儿是健太发明的，所以若没有征得健太的同意，那么女生队就不能擅自使用。这是发明人一方很自然的要求。在很久很久以前，发生过一件非常有名的事：伽利略发明灌溉用抽水机后，恳求国王同意其及家人享受因此项发明而产生的利益。

正如大家所看到的，围绕闪亮小人儿，六位小朋友在进行过商议之后制定了使用规则。像这样，大家共同商议、解决问题的过程，法律上称其为"私人自治"。这六位小朋友，也是通过私人自治才解决了问题。

但是，有时也存在私人自治无法解决的问题。这时，往往会通过审判程序（民事诉讼）得出具有强制力的结论。对于六位小朋友来说，石井老师的决定无疑具有强制力。所以以石井老师为中心，大家共同商议问题的场景就与法律上的审判程序（民事诉讼中的口头辩论）有些相似。我们可以把石井老师看做是法官、健太是原告、小智和大福是原告代理人（律师、代理人）、奈彩是被告、美佳和真美则是被告代理人（律师、代理人）。

在小朋友们进行商议过程中，出现了很多不同的意见。

小智和大福主张没有小智的同意就不能随意使用，这一意见是出于对发明人的保护。美佳和真美则认为，考虑到目的在于完成大扫除，所以应该让大家自由使用，她们的意见则是出于"发明应当有所利用"这一点。

到底哪一方才对呢？这是一个很难回答的问题。或许，哪一方未必都是错误的。

在故事中，六个人商议之后决定：第一天只有男生们才可以自由使用，而第二天女生们也有权利使用。

专利法中也有类似的规定：发明人在一定期间内拥有专利权，可以垄断发明的使用。但是一定期间过后，所有人都可以自由使用这项发明了。这旨在协调保护发明和使用发明两者之间的关系。这种平衡感正是法律世界所追求的一种法学思维。专利法一方面要不断地协调发明保护与使用保护之间的关系，还要鼓励发明，通过日积月累的技术性进步促进日本实现产业繁荣。

专利法中规定，在实际取得专利权时，必须向专利局递交专利申请。递交专利申请之后，专利局的评审官就会评判该项发明是否具备获取专利的资格。如果评判结果认为其具备获取专利的资格，那么申请人就会享有专利权。

三

在本篇的故事中，出现了很多问题，譬如奈彩制作的晓光与闪亮小人儿是否是同一件发明？即便不是同一件发明，因为晓光沿袭了闪亮小人儿的发明创意，那么在没有征得闪亮小人儿发明人健太的同意时，女生队是否可以自由使用晓光？等等。这与判断专利权是否受到侵犯时的场面大致相同。

首先，关于晓光与闪亮小人儿是否是同一件发明，除了大福，其他人都认为这是两件不同的发明。如大福所说，二者的不同只是在于圆木变成了方木。但是，如果专利权获批时有提到"将抹布缠裹在圆木上的大扫除工具"，那么，当抹布裹在方木、而不是圆木时，根据专利法的规定，原则上可以判断这是两种不同的大扫除工具。

其次，因为晓光沿袭了闪亮小人儿的发明创意，那么在没有征得闪亮小人儿发明人健太的同意时，女生队是否可以自由使用晓光呢？关于这个问题，大福和真美陈述了各自的观点。

可以说，这与如何看待改进性技术发明的场面相同。基于保护开创性技术发明的观点，专利法规定，与开创性技术发明有关联的改进性技术发明（沿用了开创性技术发明的基本原理）的专利权人不能自由地使用发明。使用改进性技术发明时，必须事先征得开创性技术发明专利权人的同意。

但是，这样一来就是引发另外一个问题。即，如果开创性发明专利权人不同意使用改进性技术发明时，又该怎么办呢？"如果健太不同意我们沿用闪亮小人儿的发明理念，那该如何是好呢"——美佳的发言，恰好指出了这个问题。

专利法规定，发生这种情况时，专利局局长有权做出裁定。如此一来，改进性技术发明的专利权人就有了使用发明的可能性。这样做旨在通过对改进性技术发明的有效利用来促进产业繁荣。真美提出："到那时候，……我们让石井老师代替健太批准不就可以了？"从专利法的角度来说，真美的话可以看做是对裁定制度的建议。

然后，健太进一步提出希望使用晓光，这可以看做是开创性技术发明人想要使用改进性技术发明。开创性技术发明的专利权人同意改进性技术发明的专利权人使用开创性技术发明，相反，改进性技术发明的专利权人也同意开创性技术发明的专利权人使用改进性技术发明——这样相互同意彼此使用自己发明的情况，专利权法称其为"交叉许可"。健太的话，正是对交叉许可的一种希望。

四

本篇中触及的是与专利法有关的内容，但正如之前所提到的，我们生活的这个世界存在着很多法律。遇到问题时，大家可以和小朋友们一起思考应该如何解决这些问题、是否存在规定了类似解决方法的法律等。共同思考的过程，想必一定会很有趣吧。

后记

　　本书的故事围绕六位小主人公展开。本篇的内容是"体验式学习：大扫除对抗赛"。全书内容分为：专利篇、外观设计·商标篇、著作权篇。虽然各篇的主题都是"保护知识产权"，但是讲述故事的时候并没有使用"知识产权"等晦涩难懂的专业术语，而是通过小朋友们对话的形式推动情节发展。关于本书的结构设计，在第1章中会设定故事发生的背景（法律适用范围）；第2章和第3章会遇到与"知识产权"有关的问题，孩子们会尝试着解决；第4章则向小朋友们介绍书中故事与成年人世界的共同点；第5章则向成年人（家长及老师）介绍本书的主题。本书在以下几方面进行了精心的设计：①用通俗易懂的语言阐述"孩子们在日常生活中遇到的问题"和"与知识产权有关的问题"的共同点（儿童世界与成年人世界的共同之处）；②用通俗易懂的语言介绍"孩子们解决问题的方法"与"知识产权法中提及的解决方案"的共同点（儿童世界的规则与成年人世界的规则的共同之处）；③最终，让大家意识到知识产权就在我们身边，并进一步了解保护知识产权的意义。

　　在本书的专利篇中，主题定位为"保护大扫除工具（技术）的创作理念（研发成果、发明）"。在第1章"大扫除对抗赛"中，提及了制作大扫除工具的必要性（需求）；第2章"闪亮小人儿登场"中，则产生了发明的垄断权及侵权问题；第3章则涉及开创性技术发明与改进性技术发明之间的关系；第4章"知识窗"，则希望通过专利篇的故事，让孩子们了解儿童世界与成年人世界的共同之处；第5章"致家长及老

师"中，则借用专业术语对本书的主题进行了说明，旨在帮助大家加深
对知识产权的了解。

广田浩一

2006年10月

外观设计·商标篇

校园集市

第1章 盼望已久的校园集市

在若叶小学，有很多孩子天天盼望着十月能够早一点到来。四年级三班的小智、健太、大福、美佳、奈彩、真美也一样。

这是为什么呢？原来在若叶小学，每年十月都会有校园集市。

校园集市开市时，四年级以上的高年级，每个班的学生都会分成五个小组，连续三天每天放学后在各自的售货亭里出售自己动手制作的商品，目标群体即销售对象是三年级以下的低年级学生。通过校园集市，低年级的学生可以学会金钱的使用方法以及如何购买商品，而高年级的学生则可以了解商品流通及出售商品时的服务技巧。在集市开市之前，低年级的每位学生都可以领到高年级学生手工制作的500块钱。当然，这是若叶小学特制的货币，只能在校园集市上使用。

而且，在校园集市上销售额最高的小组将获得由校长颁发的热卖商品奖。一旦获得热卖商品奖，那么这个小组的商品就会被视为若叶小学该年度的优秀商品，将在学校里展示很久。这对于若叶小学的孩子们来说，是至高无上的荣誉。

有这样六位小朋友，名字分别是小智、健太、大福、美佳、奈彩、真美。虽然有时也会吵架，但是相互不同的个性发挥了很好的调和作用，所以彼此关系不错。

美佳　　奈彩　　真美　　大福　　健太　　小智

称呼自己为"俺撒"、活泼且精力充沛的小智。

个子比较高、看起来心不在焉但实际上却有许多点子和主意的健太。

个头不高但喜欢争强好胜、对女生有着强烈对抗意识的大福。

戴着眼镜、做事认真、绰号为"小面包"的美佳。

习惯使用"偶"来表达自己、穿着洋气且性格开朗的奈彩。

温柔、善于倾听、说话一语中的且令人信服的真美。

直到去年，这六位小朋友还是低年级的学生，只能购买商品。由于今年刚刚升为四年级学生，所以这还是第一次有资格出售商品。以前总觉得能够开店卖东西的人都是大哥哥、大姐姐，所以这次能够自己开店卖东西了，六个人不禁有些开心，觉得自己已然是大哥哥、大姐姐了。

九月。

下个月校园集市就要开张了。一进入九月，各个小组就会展开探讨，商议出售什么商品、价位如何等等。

这六位小朋友好像也正在展开讨论。

小智：俺撒，一想到要在若叶商贸大会上开店，就超超超开心……

美佳：若叶商贸大会是什么？

大福：你竟然不知道？真是落伍了……"校园集市"听上去太没品

位了，于是我们就起了个新名字叫"若叶商贸大会"。这名字还是健太想出来的呢！

健太： 大会的话，听上去有节日、庙会的感觉。怎么样，不错吧？

奈彩： 啊，真俗！

石井老师： 喂，我还以为你们在讨论什么呢，跑过来一听竟然是……现在可不是让你们决定校园集市的名字，还是认真考虑一下卖什么商品以及定价的问题吧！拜托啦！

说完之后，石井老师就去了其他小组。其他小组有的已经决定好卖什么商品以及如何定价了。

美佳： 好了，咱们也认真考虑一下吧！那边那个小组，据说决定卖纸飞机，一架500块钱。

健太： 嗯，那恐怕会卖不出去吧……

小智： 为什么这么说啊！俺可是很想要架纸飞机呢！要是有样子超帅的飞机，俺绝对掏钱买。不过话又说回来，去年的校园集市上俺好像买的就是纸飞机呢。

健太： 纸飞机的话，去年有卖的，前年也有卖的。每一年都一定

石井老师

健太　　　　　　　　　　美佳　　　真美

会有一个组卖纸飞机呢。所以，要是还卖纸飞机的话，对于体验过校园集市的二年级和三年级的同学来说，就太没新意了。除非能做出与众不同的飞机，才能保证卖得出去。但是与众不同的飞机又很难做出来，即便能做出来能不能飞得起来还是个问题。飞不起来的飞机就是次品。而且，买飞机的都是男生，女生不会买。所以，如果我们卖纸飞机，那顾客人数说不定马上就减半（排除女生）了呢！

大福：有道理！健太你可真强，分析得太透彻了！

奈彩：这点儿事，谁不知道啊……

大福：你说什么？！明明就是刚听人家说的……

美佳：大福，别说了，这样下去又要吵架了！

真美：要想一个男生女生都喜欢的商品啊……大家觉得笔筒怎么样？

小智：不错哦。俺也想要个笔筒呢！

奈彩：话说，就没有小智不喜欢的……不过，也不光小智自己，要是笔筒的话，偶也想买一个呢。

大福：我也想买。这个主意不错！

美佳：既然大家意见一致，那我们组就决定卖笔筒吧！

所有人：就这么定了！

美佳：那接下来就得决定价格了。

大福：要不咱们也500块钱一个得了。

健太：嗯，那恐怕会卖不出去吧……

大福：怎么又是这句话啊！

健太：低年级的同学一个人只能领到500块钱。如果一件商品的定价就为500块，那到头来就只能买一件。买完一件商品之后，那今年的校园集市就算结束了。这多没意思啊，大家肯定都想价格便宜一点儿、然后多买几个。

小智：没错没错。去年的时候，俺就想买一个既有头盔又有刀的武士两件套，但是它价格是400块钱。若是买武士两件套，就没钱再买200

若叶小学校园集市专用的货币

块钱一架的纸飞机了，所以最后放弃了。反过来，要是买一架纸飞机，那就还剩300块钱，然后还可以各花150块钱买一个风筝和一个吹箭。所以想来想去，最后买了一架纸飞机！

健太：你看，有小智的例子在，500块钱的定价的确是有些太高了。

大福：没错。

奈彩：既然这样，那就一律定为100块钱，偶们也开个"百元店"不就得了！

健太：不行不行！

奈彩：为什么嘛！

大福：就是，肯定不行了啦！

奈彩：大福，你肯定连为什么不行都搞不清楚，所以就不要再那里装模作样了好不好！

美佳：大福你也真是的，能不能别总说那些容易挑起事端的话啊。

小智：健太，你倒说说为什么不行啊。

健太：大家都想要那个热卖商品奖吧？只有销售额最高的小组才能获得热卖商品奖，如果价位过低，那么为了提高销售额就必须努力卖出更多的商品！所以说，不是只要便宜就万事大吉。

真美：嗯，这倒也是……那，一个250块钱怎么样？

健太：厉害哦！

大福：什么厉害啊？完全没弄懂嘛！

真美：我觉得，要是250块钱一个的话，来店里买东西的小孩子弄不好会特别喜欢我们的笔筒、一下子买两个也说不定啊！

健太：答对了，完全正确！一个250块钱的话，有的小孩说不定就会在我们店里把500块钱一下子全花光。因为买到了两件商品、而不是一件，所以他心理上可能也不会觉得吃亏哦。

小智：这么说的话，俺一年级的时候，在同一家店里买了两个大的纸风车呢！一个蓝色、一个黄色。

健太：只要喜欢这个商品，那有的孩子就有可能在一家店里买好几件同样的商品。就像小智那样。

真美：原来如此。那我们就必须在颜色和形状上下工夫，让顾客买了一个之后还想买第二个！

奈彩：你就放心交给我吧！偶会用偶超时尚的美感想出最棒的造型！

大福：要是俗气了，那可就麻烦了……

美佳：那就这么定了，我们店里的笔筒一个是250块钱。明天我们就一起思考造型和设计的事吧！

所有人：OK！

石井老师：孩子们都好聪明。本以为他们什么都没考虑，不料却想得如此周全……

躲在远处偷偷听完六位小朋友的对话之后，石井老师不禁低声说道。

二

第二天。

六个人凑在一起商量如何设计笔筒。

小智：俺觉得吧，用纸粘土做的笔筒有种粗糙的美感，看上去会不错哦。

美佳：那很难一下子做很多啦！再说了，纸粘土的笔筒很容易摔坏的。低年级的学生，说不定很容易拿不稳、掉在地上摔坏了。

小智：是吗？……

奈彩：偶觉得，可以先把厚一点的纸卷成筒状、然后再粘上筒底。这样的笔筒既好做，又不容易摔坏。还可以在筒的外侧拼贴上彩纸，这样一来色彩绚丽，会很漂亮。

真美：奈彩，你这个主意真不错！这样的话，可以制作出不同风格的笔筒呢。

美佳： 你们男生觉得怎么样啊？同意吗？

小智、健太和大福虽然仍旧小声地嘟囔着什么，但也没提出什么特别的反对意见。

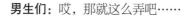

主意

美佳： 那你们是赞成咯？

男生们： 哎，那就这么弄吧……

美佳： 那今天的话，接下来我们就一起去搜集制作笔筒的材料吧！材料搜集好之后，就抓紧时间动手制作！

大福： 我们可不愿意一起去搜集材料，我们男生队要和你们女生队分头行动，搞个笔筒制作比赛！

奈彩： 没问题，比就比，我们接受挑战！

这六位小朋友，总是分成男女两组进行比赛。

于是六个人分成一队男生、一队女生，来到了工作室。学校规定，制作在校园集市上出售的商品时，可以自由使用工作室里的材料。六个人分别拿取了自己认为必要的材料，然后又返回了教室。

大福： OK，要用心制作笔筒，决定不能输给女生队！

健太： 喂，大家都注意了，希望女生们也听一下……

美佳： 你想说什么啊，健太？

健太： 动手制作笔筒时，大家当然可以自由发挥。但是因为还有其他小组，为了加以区别，所以设计商品外观时，是不是应该突出一下咱们笔

制作笔筒的材料主要是较厚的纸张

筒的特色啊！不然的话，低年级的学生恐怕就不想特意跑来买咱们的笔筒了。

真美：的确……

奈彩：啊，大家看这样弄行不行呢。

关于如何设计笔筒，奈彩开始介绍自己的想法。

美佳：也就是说，与笔筒主干相比，把笔筒的底部做大一圈。然后再把底部露在外面的部分涂成蓝色，对吧？

健太：还有，因为底部比主干大一圈，也就是说因为有蓝色部分，所以笔筒稳定性较好、不容易歪倒。这真是个好主意呢！

小智：奈彩真是又有能"耐"又有"才"，有时还真能想出个好主意！

大福：小智，说得妙极了！

美佳：别耍贫嘴了，开始动手做笔筒吧！主干外侧的设计，大家就随意发挥啦！

大福：好的，开始做啦！

六个人谁都不再说话，开始全身心地投入到笔筒制作的比赛中。

奈彩：我做好啦……

健太：哇，速度真快！

奈彩：偶做的笔筒，外面贴了不同颜色的心形符号。女孩子们肯定会喜欢！

真美：真可爱！

美佳：我也做好啦！

大福：你做的这是什么呀！不过是把心形符号换成了小星星，这完全就是在模仿奈彩嘛！

美佳：这有什么不好的？吹毛求疵点评别人之前，你还是先把自己的笔筒做完吧！

大福：废话，我早就做完了！

美佳：你做的那是什么呀！不过就是把我们的心形符号和小星星换成了三角形、四角形罢了，你这才是盗版呢！

小智：好了好了，别争了。啦啦啦啦啦，大家快看我做的！

　　看到小智做的笔筒，所有人都惊呆了。笔筒的外侧筒壁上缠满了用纸粘土制作的带子。

奈彩：哈哈哈，小智啊，你还是忘不了纸粘土啊！

大福：哈哈哈，果然是小智的作风。

美佳：你打算卖这个吗？

小智：才不是呢，这个不是拿来卖的。俺要自己用！

美佳：小智，现在可不是做自用笔筒的时候哦，我们先得把用来出售的笔筒做好才行。

笔筒制作比赛开赛已经一个小时了，小朋友们制作出很多笔筒。

美佳：差不多可以了吧，已经做了很多了呢。

真美：我数了一下，竟然有70个呢。五彩缤纷的，真好看。

奈彩：哎，偶那超时尚的美感真不是吹的。

三位男生早就厌倦了做笔筒，开始用纸粘土做恐龙。

美佳：笔筒制作比赛差不多也该结束了，话说某些人已经擅自结束了……明天就要开店了，大家一起加油吧！

所有人：OK！

三

校园集市开市第一天。

六位小朋友把从教室搬来的桌子摆好，铺上美佳从家里带来的桌布，最后把昨天做好的笔筒摆好。

很多店都已经开张了，而且每家店貌似都下了很多工夫。

小智：嗯，感觉每家店都很出彩呢。我们店到底能不能吸引到顾客啊……

美佳：没问题的啦！毕竟我们的商品是笔筒，它既能吸引男生又能吸引女生。

小智：是吗？俺倒是想买旁边那家店的风筝、旁边这家店的面具……

奈彩：只有你小智才会这么想吧？健太和大福，你们呢？

大福：我当然是觉得笔筒好了！

健太：我也是。

奈彩：我就说吧！

小智：哦，是吗……要真是这样就太好了，我是绝对不想输给其他店。

大福：小智向来讨厌在比赛中败下阵来呢。

小智：在这儿干等着也没客人来，你们等着，俺去那边拉几个顾客过来！

美佳：小智，按规定，我们可不能勉强拉客人过来。你要注意一下方式哦。

小智：你就放心吧！

小智说完就走了。

不一会儿，只见小智拽着两个一年级男生的胳膊走了回来。个子较高的男生已经哭了，而个子较矮的男生也一副要哭的模样。

看到这种场面，石井老师马上飞奔了过来。

石井老师：喂，小智！我不是说过吗，不允许强拉顾客到店消费！

小智：我没有勉强他们，有和他们商量哦！

石井老师：那这个男生为什么要哭呢？

小智：我也不知道……

石井老师：我们说过，顾客要根据自己的意愿光顾店铺，然后用自己的钱买自己真正喜欢的商品。你有见过谁边购物边流泪的吗？我可不认为这个男生是心甘情愿做你们店顾客的。

小智：好吧，我知道了。

石井老师：小朋友。被高年级的大哥哥拉着胳膊拽走过来，心里肯定很害怕吧？但是别害怕，这位大哥哥其实很温柔的。好了，你们可以去逛自己真正喜欢的店铺了。

听完石井老师的话，两位一年级的小朋友完全不哭了。他们站在不远的地方，一直盯着笔筒看。然后，两个人开始小声地商量着什么。

真美：那两位小朋友，是不是喜欢我们店的东西啊？你们看，他们一直在盯着笔筒看呢。

健太：的确是。刚才看上去一副被强迫的样子，但现在明显是对我们的东西感兴趣。

小智：好咧，俺去问问他们。

大福：小智你可不能去！你去了，他们又要哭了。

美佳：女生比较温柔，还是由我们招呼一声吧。

奈彩：就这么定了！

美佳、奈彩和真美朝着两位低年级小男生走了过去。

美佳：你们好。

奈彩：请问你们是几年级几班的学生啊？

两位小男生对视了一下

个子较矮的男生：一年级三班的。

真美：大姐姐也是三班的哦，四年级三班。好巧哦。

美佳：我们店里卖的是笔筒，要不要过来看一下呢？

个子较高的男生：可是……

奈彩：你们在担心那个大哥哥吧，没关系的。刚才是他做的不对，吓到你们了。但他本来没那么可怕哦，是非常有趣的一个人，真的。

个子较高的男生：你说的是真的吗？

奈彩：当然是真的咯。而且那也是大姐姐们的店铺，所以你们不用担心。

在三位女生的带领下，两位低年级男生又回到了店里。为了不吓到他们，男生们则在一旁老实待着，尽量不出声。

个子较高的男生拿起一个筒壁外侧画满了汽车的笔筒，仔细端详着。个子较矮的男生则拿起一个画满正义英雄面孔的笔筒。

过了一会儿，两个人开始说话。

个子较高的男生：我想要这个。

个子较矮的男生：我要这个。

小智：谢谢你们！

大福：你们买的笔筒，可是这位大哥哥做的哦。

听到大福的话，小智有些不好意思地低下了头。两位小男生则一脸怀疑地看向小智。

个子较高的男生：这真的是大哥哥你做的吗？

小智：是的哦。

个子较矮的男生：你好厉害！

小智开始害羞。

美佳：来，这是找给你们的零钱，250块钱。

真美：来，拿好了，这是笔筒。请问你们叫什么名字啊？

个子较高的男生：我叫山田大地。

个子较矮的男生：我叫上岛拓也。

奈彩：哦，原来是大地和拓也啊。麻烦你们向其他朋友介绍一下我们的笔筒哦，再见。

两位低年级小同学转身走开了，从背影来看，他们相当开心。看到顾客开心的背影，这六个人别提多高兴了。

美佳：卖出去了哦，而且是两个！

奈彩：开门大吉哦！

健太：不过真是意外呢。除小智以外，其他人做的笔筒外侧都贴着漂亮的彩纸，或用彩笔、荧光笔涂满了好看的颜色。而小智只是用黑色笔在筒壁外侧画了图案，结果两位小朋友其他的看都不看，一上来就挑中了小智做的笔筒……

大福：就是呢，我还刻意挑选了彩纸。早知道这样，我就跟小智似的，画几笔就好了。哎呀，那两位小朋友的品味肯定和小智是一样的啦！

真美：不管怎么样，能卖出去真是太好了。你们说呢？

大福：这倒也是。

在这之后，店里又来了很多小孩子，买了一些色彩鲜艳的漂亮笔筒。

还有一个小时，第一天的校园集市就该闭市了。截至目前，已经卖出去了23个笔筒。

最后一小时，又卖出去两个。最终，第一天卖出了70个笔筒中的25个。一切进展顺利，与其他小组相比，这六个人第一天的销售额是最高的。

第2章　相似的笔筒！

一

第二天。

放学之后，高年级的学生开始着手准备开店营业。小智、大福、健太、美佳、奈彩、真美六个人一直盼着早点放学，所以放学铃声一响他们就兴高采烈地开始准备开店营业。第一天的营业额非常乐观，位居所有店铺的榜首。所以第二天，无论如何都想保住第一的位置。

但是，开始营业后，基本上都没有什么客人。

美佳：怎么今天客人不像昨天那么多呢……

奈彩：就是啊……是不是其他店也在卖笔筒啊……偶去看看。

说完这番话，奈彩就走了出去。

不一会儿，只见奈彩气喘嘘嘘地跑了回来。

奈彩：坏了，坏了，坏了！

大福：什么坏了啊?

奈彩：那边六年级的一个小组也在卖笔筒，昨天他们明明卖的是纸飞机……

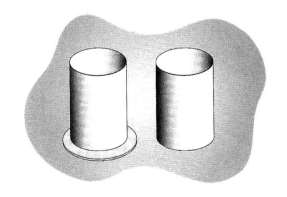

美佳：啊，真做得出来呢！他们肯定是看到我们的笔筒很畅销，所以今天就把纸飞机换成了笔筒！

大福：那不就是盗版吗？真可恶！

奈彩：不过，我仔细观察了一下，虽然他们笔筒筒壁外侧的图案和颜色跟我们的差不多，但是形状却不太一样。我们笔筒的筒底比主干大一圈，而且筒底涂成了蓝色。六年级的笔筒，不是这样设计的。

健太：这么说来，他们的笔筒应该很容易倒才对。又没有蓝色部分，按理说我们的笔筒外观也应该比他们漂

六年级某小组制作的笔筒

亮才对啊……但是，如果筒壁外侧图案和颜色差不多的话，低年级的学生恐怕没办法区别二者的不同。真伤脑筋呢。

小智：俺去找六年级的他们，让他们不要仿造我们的笔筒。

美佳：小智，我能理解你的心情，但他们是六年级的学生，所以还是别去讲理的好。你去找他们，他们或许会说"我们才没有仿造你们的笔筒呢"。

奈彩：六年级学生做的笔筒没有露在外面的蓝色部分，感觉他们可能会说"我们才没有仿造呢，我们的笔筒和你们的笔筒长得又不一样"……

小智：那纯粹是狡辩嘛！相似就是相似啦！

真美：关于是不是"相似"，要是有一个谁都能懂的判断标准就好了……现在涉及是不是相似的问题，那只要搞清楚"顾客是不是弄错才买的"不就可以了？如果他们是弄错才买的，不就说明两家的笔筒很相似吗？……

健太： 真厉害啊，能想到这么个主意。那咱们就把这个想法告诉六年级的同学，实际验证一下。如果有人是弄错了才买的，那我们就要求他们调整笔筒的造型！但是……对方是六年级的学生，这些话很难说出口呢。

小智： 俺能说的出口！

大福： 小智，有时候你还真是天不怕地不怕呢！

美佳： 小智，我们还是别去找六年级学生了。当然，应该告诉他们的事情要准确地告诉他们。不过，校园集市只剩两天了。和六年级交涉的这个时间，说不定其他组的销售额就攀升到第一了。我们还是想其他的办法吧！

虽然大家咽不下这口窝囊气，但又觉得美佳的话很有道理。

奈彩： 为了不让低年级的同学买错了，偶们得想点办法出来。

真美： 而且要是买错了，低年级的同学也是受害者。

美佳： 或许，昨天的大地和拓也两位小朋友有替我们宣传哦。譬如"这个很漂亮"、"这个很酷"等等。

健太： 听完他们的介绍、想要买我们笔筒的那些小朋友，如果弄错、买了六年级的笔筒，那真是太可怜了。毕竟，六年级他们做的笔筒根本就撑不住太多的铅笔嘛。

小智： 低年级的学生很可怜，俺们也承受着营业额下降的困扰。

所有人都不再说话，开始认真考虑。

二

真美首先打破了沉闷的气氛。

真美： 大家看这样好不好呢……给我们做的笔筒，弄上一个属于我们自己的标志。

健太： 这个主意不错呢。如果给笔筒弄上一个标志，那么低年级的学生只要看一眼标志，就能很容易地区分出是我们的笔筒还是六年级的笔筒。

大福： 有道理。

奈彩： 我完全同意真美的想法！

美佳： 我也同意。

小智： 弄一个标志啊……倒是挺有意思的，你们觉得弄个火箭怎么样?

美佳： 小智小智，你先别着急嘛。大家一起来想一想。

柑橘标志

就这样，所有人都同意真美的想法，决定给笔筒弄上一个标志。然后，大家开始思考选择怎样的标志。

美佳：弄个可爱的标志当然不错，但是考虑到要画在笔筒上，所以也不能太复杂。大家觉得弄个水果图案怎么样？

小智：画个柑橘怎么样？

大福：柑橘很容易画，我觉得不错哦！

美佳：那我们就画柑橘吧，怎么样？

所有人：嗯，可以！

就这样，六个人决定给自己的笔筒画上柑橘标志。而且还决定，若画有柑橘标志的笔筒在使用过程中出现损坏，可以协助维修。此外，之前购买笔筒的人，随时都可以把笔筒拿回来，届时六个人会帮忙画上柑橘标志。

校园集市第二天，从开市到现在还没有卖出去一个笔筒。被六年级抢走了一批顾客，必须想办法把顾客重新抢回来。

小智：你好，欢迎光临，欢迎光临！这边店里的笔筒非常实用，你放多少笔它都不会倒。而且造型设计得也非常美观哦！笔筒上有一个柑橘图案，这是笔筒的标志。有柑橘标志的笔筒，如果在使用过程中出现了损坏，我们马上会提供维修。快来看一下啊，快来看一下！

奈彩：来来，追求时尚的女生们，你们可以拿在手里看看，有柑橘标志哦。是不是很可爱、很时尚呢？女生们注意啦，只要买了画有柑橘标志的笔筒，那偶就教给你们超女偶像的舞蹈动作！

在小智和奈彩充满活力的声音的感染下，低年级的学生们开始逐渐朝店铺门口聚集过来。很多人不是奔着笔筒而来，而是柑橘标志。因为在极短的时间内，柑橘标志已经在低年级学生中间流行了起来。一个人买了带有柑橘标志的笔筒，马上就有很

教给大家超女偶像的舞蹈动作~~

多人争先恐后地追风效仿。如此一来，真是正中下怀——"画上柑橘标志"的作战计划非常成功！

待第二天的集市闭市时，70个笔筒已经卖得只剩下20个了。

美佳：一开始还没什么顾客呢，不管怎样，最后总算扳回一城。

真美：大家都很尽力了呢，现在只剩下20个笔筒了。两天时间竟然卖出去了50个。

健太：真没想到柑橘计划会这么成功，你看低年级的学生每个人都在讨论柑橘标志呢。

大福：小智提出可以协助维修、奈彩说要教超女偶像的舞蹈动作，这些也很有吸引力呢！

奈彩：难得大福会表扬我……

大福：我才没有表扬你呢，我只表扬了小智！

小智：明天就是最后一天了，不管怎样一定要把剩下的20个全部卖出去。那样的话，俺们的笔筒就能被选为若叶的优秀产品了。之前俺做的、用纸粘土带子缠了一圈的笔筒也能一直放在若叶小学供人展览了！

大福：才不会把那个交给学校展览呢！再说了，那是小智自己喜欢

的，又不是我们店的商品。

小智：哎呀，我就是为了能留到最后、交给学校展览，才一直不卖好不好？

小智和大福你一言我一语，惹得大家都笑了起来。不管怎么说，开市第二天，大家想出了一个好办法来帮助顾客区分自己商品与六年级商品的不同，所以每个人看起来都很满意。

石井老师从中途开始一直默默关注着事情的发展，本打算什么时候出面帮助他们解决问题，却不曾想六位小朋友自己找到了很棒的解决方法。

石井老师：没有我出场的机会呢……

正当石井老师挠头感叹的时候，被健太看了个正着。

健太：哎，石井老师，您在那儿做什么呢?

大福：你怎么能问老师在那里做什么呢，太不给老师面子了! 只看老师的动作，就知道老师肯定是担心我们、所以跑来看我们的啦! 老师，是不是啊?

小智：我觉得才不是。老师，您是不是头皮痒痒，所以才挠头啊?

美佳：石井老师，我们肯定没问题的。我们自己动脑筋想出了一个好办法呢。

奈彩：老师，偶们店的销售额肯定会排第一的，您就等着瞧好儿吧! 是吧，真美?

真美：嗯，没错!

石井老师这才面露微笑，右手继续挠着头，举起左手冲小朋友摆了摆，然后走开了。

第3章 "酸橙"标志的诞生

一

最后一天。

气氛果然不同于以往，非常热闹，到处都能听到店员招徕顾客的声音。第一天、第二天的时候，开店的同学都还有些不好意思，不愿意大声地招徕顾客。但到了最后一天，所有人都放开了，也不再不好意思，都很自然地招呼顾客。

小智、健太、大福、美佳、奈彩、真美六个人也同样，大声地招呼着顾客。

小智：大家看过来了啊。我们是贴有柑橘标志的店铺。贴着柑橘标志的笔筒，不但造型可爱、美观，而且不容易倒，我们还承诺维修。到哪儿找这么出色的商品啊，一个250块钱。来来来，过来看啊，走过路过不要错过啊！

奈彩：喂，小朋友，你们觉得这个贴有柑橘标志的笔筒怎么样啊？

奈彩主动和正在店铺周围闲逛的两个女生打招呼。

只见，两个女生手里拿着笔筒，对奈彩说道：

女生A：姐姐，我们已经买了哦。印有酸橙标志的笔筒。你看！
奈彩：酸橙标志？

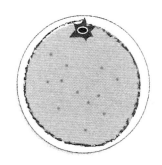

女孩子手里拿的正是之前六年级小组制作的笔筒。但是，筒壁上画了一个与柑橘标志非常相似的酸橙标志。

奈彩：天啊，这也太过分了！你们快过来看啊！

美佳：发生什么事了？

奈彩：那个六年级的小组又仿效我们的做法了！这次不是柑橘标志，而是酸橙标志！

健太：亏他们做得出来呢，看来他们也很欣赏咱们的主意呢。

美佳：小朋友们，请问，你们当时为什么想买有酸橙标志的笔筒啊？

女生B：昨天，我们的朋友买了非常可爱的笔筒。我们也很喜欢，所以才想过来买。朋友告诉我们，笔筒上贴有柑橘标志。

奈彩：但是，你们买的笔筒，上面的标志不是柑橘，而是酸橙哦。这不是你们朋友说的柑橘标志哦。

女生A：啊，不会吧？

女生B：这么说，我们买错了？

两个女生哭了起来。

二

小智：六年级小组的做法未免太过分了！

奈彩：他们知道偶们的笔筒卖得很好，所以才制作了相似的笔筒……

真美：我们在笔筒上画上柑橘标志，原本就是为了突出咱们商品的特点，避免顾客买错，结果……没想到他们竟然故意画了个与柑橘相似的酸橙标志，真是……

美佳：想要跟我们争抢顾客的意图也太明显了吧！

健太：盗用别人的创意，趁机敛财！

大福：简直就是无良竞争！

大家开始你一言我一句地批判六年级的做法，听到这些，两个女孩子哭得更厉害了。

小智：小朋友，你们别哭了。大哥哥们会帮你们去买笔筒的店铺，要求他们退货、把钱还给你们。拿到钱之后，你们就能买我们店里出售的带有柑橘标志的笔筒了，所以不要哭了哦。

女生A：真的吗？

小智：嗯，我保证。

大福：小智，你的心情我能理解。但你真的要去找六年级小组，让他们退货还钱？

小智：你到底做不做呢？

大福：好吧，知道了。小智，我也去。

健太：小智，等一下。我觉得现在该是要求石井老师出面的时候了。

美佳：我同意健太的意见。

真美：我也同意。

奈彩：石井老师，石井老师，您在吗？

奈彩大声地喊着石井老师，美佳和真美也跟着一起喊。

然后只见石井老师从大家背后走了出来。

石井老师：老师这是备受大家期待的登场呢。有机会发挥作用，真是高兴啊。

美佳：老师您就别开玩笑了，您的登场可不是什么值得高兴的事儿。

石井老师：我知道啊。其实从刚才开始，我就一直躲在暗处听大家讨论。这件事，你们就交给老师吧！

这么说着，石井老师拿起两个女孩子买的两个酸橙笔筒，走了出去。

健太：老师真帅呢！

小智：我还是第一次发现老师原来有这么帅！

美佳：我可是一直都觉得老师很帅呢。

大福：你觉得他长得也很帅？

美佳：与长相无关啦！男人又不是靠长相的！

奈彩：就是就是。

真美：嗯嗯。

大福：这话不就表明，你们觉得他长得并不帅吗？

健太：就是，我也这么理解的。

三

石井老师回来了，事情解决了。不愧是老师。把钱还给低年级的两位女生后，她们俩脸上重又露出了笑容。

石井老师：六年级小组，不能使用酸橙的标志。他们会把标志换成西瓜，这样可以吧？

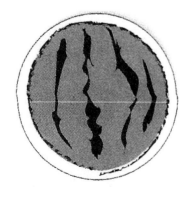

六年级小组把酸橙标志换成了西瓜

小智：西瓜标志啊？大家不会把西瓜和柑橘弄混，这样一来就不会买错。嗯，我觉得可以。

石井老师：和你们的想法一样，老师也觉得六年级的笔筒，无论是标志还是造型，都很容易迷惑顾客。所以，除了标志外，老师还要求他们改变一下筒壁外侧的设计（花纹、图案）。关于更换标志和外侧的设计，六年级小组的人也都同意。他们承认，是因为看到你们的笔筒销路很好，所以才想搭个顺风车。

美佳：果然是这样，老师，太谢谢您了。

奈彩：老师，谢谢您！

听到大家一片感谢之声，石井老师脸上堆满了笑容。

大福：老师，您打算还在这里待多久啊？您在这儿，我们的笔筒就卖不出去呢……

石井老师：哎，这么快我就成为大家的麻烦了啊？

所有人都笑了起来。石井老师不帅的那一面，其实也正是帅气的一面。

在这之后，混淆顾客视听的酸橙笔筒退出了市场，笔筒的销量又有了起色。

美佳：全都卖光了！

大福：太棒了！

健太：全部都卖出去了呢！

真美：大家都努力了啊。

奈彩：偶们的销售额会不会是第一呢？

小智：明天学校的晨会将公布结果，真期待呢！

　　随着太阳不断西下，校园集市也宣布结束了。等高年级的学生把校园清理干净之后，天色已经暗了下来。一路努力走过来，六位小朋友脸上绽放出格外明媚的笑容。

　　第二天的晨会。

　　校长：大家早上好。为期三天的校园集市，大家感觉怎么样啊？有没有很开心呢？高年级的同学，你们有什么见闻或者收获了怎样的感动吗？低年级的同学，你们有买到心仪的商品吗？有没有学会如何买东西呢？我相信，大家肯定感触颇深。能促使大家进行思考，这是非常非常重要的一件事。对于你们来说，这将成为宝贵的财富。好了，我就不说太多了，得赶紧公布大家盼望已久的消息……但是，在这之前，还有一件事。我捡到一件商品，想必是集市结束打扫卫生的时候谁落下的。就是这个。

　　校长高举起拿有商品的右手，以便于所有人都能看见。

　　美佳：哎，那不是……

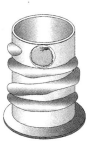

小智做的笔筒被选
为若叶优秀商品

大福：啊啊啊……

健太：是小智的。

真美：果然是。

奈彩：缠满纸粘土带子的笔筒。

小智：我还想呢，到底落在哪里了。没想到竟然会被校长捡到……这下麻烦了。

校长：哎，这个商品的造型看起来是有些奇怪……嗯，是笔筒。出售这个商品的小组，你们应该知道这是自己的商品吧。上面贴着柑橘标志。

听到校长这番话，六个人突然就紧张了起来，害怕因为清理得不够仔细而受到校长的批评。尤其是小智，脸部表情都有些僵硬了。

校长：这个笔筒……是若叶小学本年度的优秀商品。卖得非常好，是今年的热销商品。学校将一直保存，供大家展览。同学们，现在我们鼓掌祝贺制作出这个笔筒的店铺——四年级三班的小组！

六个人高兴得跳了起来，回头看向石井老师，只见老师也高兴地跳了起来。

83

第4章　知识窗

一

　　在本篇介绍的故事中，每当遇到问题时，大家都会聚集在一起讨论。这种解决问题的方法一般称为"规则"（更专业、更难一点的表达方式是"法规"或"法律"）。大家都知道，即便是捉迷藏游戏，也有一定的规则。在大家生活的这个世界里，其实有各种各样的规则。班级里有规则，譬如课堂上不许小声说话等。整个学校也有规则，譬如不准随意踩踏花坛等等。同样的道理，大家居住的街道有街道的规则，日本这个国家有国家的规则，世界上各个国家都是有规则的。

　　如果有人很任性，总是制造出各种麻烦的话，就会给周围人造成困扰。所以，大家才共同商议出了很多规则、并严格遵守，这样才便于彼此开展活动。制定规则并严格遵守，可以说，这是人类生存的智慧。比如，大家都知道，偷盗他人的物品是很恶劣的行为。所以，为了防止这

规则

外观设计法、商标法
（成年人的世界）

六位小朋友商议的规则
（孩子们的世界）

猫咪教授

类恶劣事件的发生，大家就制定了规则来惩罚做坏事的那些人。这类惩罚做坏事的人的规则，我们称其为"刑法"。

可见，在我们生活的这个社会里，实际上存在着许多人类制定的规则。

跟本篇中发生的故事一样，在日常生活中，想必大家也会共同商议解决各种各样的难题吧。像大家共同商议制定的这些规则，实际上，在日本这个国家、在大家生活的地区，都以"法律"的形式存在着。

在本篇中，围绕六年级小组出售的笔筒是否与自己的笔筒相似、对方有没有擅自仿制等问题，六位小朋友展开了讨论。而且，还准备去找六年级小组理论，要求对方不要卖外形相似的商品。实际上，在日本有相应的规则，能够保护个人设计的新造型等。人们称其为"外观设计法"。此外，六位小朋友还准备去找六年级小组理论，要求对方不要使用与柑橘标志相似的酸橙标志。实际上，在日本也有相应的规则，能够保护某人设计的图案。人们称其为"商标法"。

制定法律时，往往先由大家投票选出本地区的代表，然后来自全国各地的代表们齐聚国会，在国会上展开讨论并最终制定出相应的规则。

二

所谓"外观设计法"，其实就是保护商品外观设计（形状、图案、花纹等）的规则。鞋子、服装、游戏机等的形状、颜色、图案等，都可以看做是"外观设计"的具体事例。

外观设计法规定，如果有人构思出新的、别人很难想到的商品外观，那么在一定的时间内，构思人就有权利独占商品外观的使用权，而其他人则不可以随意使用。毕竟，他们是好不容易才构思出来的设计，如果别人可以随意使用，那自然会引起构思人的不满。这样一来，或许今后就没有人愿意再去从事新的构思了。所以，外观设计法规定，想出新构思的这些人，在一定的时期内，可以一个人独享商品外观的使用权，即，法律保护其所拥有的权利。

接下来，以大家喜欢的游戏机为例进行说明。

如果没有外观设计法，即便努力地设计出新的游戏机外观，构思人也不会得到应有的保护，其他人或许可以随意地效仿这些新的外观设计。这样下去，就没有人再愿意去设计看起来非常可爱的或者帅气的游戏机。

但是，如果有外观设计法，那么设计出新游戏机外观的人就能够独享使用新外观的权利，所以很可能会大赚一笔成为富翁。这样构思人就会想：为了设计出新机器外观而花费的那些心血，真的没有白费呢。只要能设计出新的游戏机外观，就能得到外观设计法的保护。这样一来，就会有越来越多的人为了设计出漂亮的新游戏机而努力，游戏机的外观式样也会不断得到改进。这对于通过游戏机娱乐的一般人来说，无疑是件好事。

积极地催生出新商品外观的同时，还对其加以保护。这样，人们就不会因为商品外形相似而买错东西，进而实现买卖有序的市场社会（比较难的表达方式是：实现产业繁荣）——制定外观设计法的目的正在于此。

三

所谓商标法，是用来保护被称为"商标"的标志（用图形表达品牌）的规则。

商标法规定，为了便于顾客区分自己的商品（譬如玩具）或服务（譬如饭店）与他人商品或服务的不同，可以使用自己独有的标志（商标）。这样一来，其他人就不可以擅自使用同样的标志。之所以这样规定，是因为了为了便于顾客区分两者的不同。好不容易才想出的标志，如果其他人能够自由使用，那么顾客就很难区分到底是谁的商品、谁提供的服务。而且，如果标志过于相似、很难分清，那么顾客就有可能买错商品。所以，商标法规定，用于商品或服务的标志具有唯一性，其他人不可以擅自使用。也就是说，保护拥有商品或服务标志的原创人，避免发生顾客买错商品等事情。

下面，再以大家喜欢的游戏机为例进行说明。

如果没有商标法，原本想要买有知名品牌标志（商标）的热卖款游戏机，结果却买到了假货，因为假货的标志与正品非常相似。这样的话，买到假货的人会很苦恼，生产出热卖游戏机的企业也会蒙受损失。

但是，如果有商标法，那么就不允许随意使用很容易迷惑顾客的标志，也就不会出现买错的问题。无论是拥有正牌标志的企业，还是购买游戏机的顾客，都是一件好事。

通过保护用于商品或服务的标志，避免发生因为商品相似而买错的情况，进而实现健全的市场社会（比较难的表达方式是：实现产业繁荣）——制定商标法的目的正在于此。

第5章 致家长及老师

一

关于本篇中发生的故事，想必在很多小学都会看到类似的场景。若家长及老师回想一下各自的小学生活，或许也会有似曾相识的同感。

在孩子们以及我们大人们的日常生活中，在相互保持关系的家庭及社区中，即便没有相应的法律规定，但应该也会存在很多可以等同为"法律"的规定。在本书中，没有提到"什么是法律"等法律工作者通常考虑的非常难的话题，而是以大家共同商议后制定的规则来取代"法律"。

作为智慧的结晶，自古以来人类就制定了很多规则。由于规则会制约人类的行动，因此如果规则的数量过多就会让人感觉不自由；但如果太少，社会秩序恐怕就会变得杂乱无章。所以，在制定并运用规则时，有必要把握好其间的平衡。

与自然科学不同，人类世界里不存在绝对的事情。譬如一件事是否妥当，它的适用性就会成为需要人们考虑的问题。大家制定的规则也一样，如果缺乏适用性，那么就必须对其进行修正或者废除。法律也不例外，若随着时代的发展，法律变得滞后、缺乏适用性时，就必须废除，或者修正其内容、使其变得适应社会的发展。

二

在本篇发生的故事中，关于六年级小组制作的、有着相似外观的笔筒以及相似的标志（酸橙标志），围绕其适当性及应该如何处理等，六位小主人公展开了讨论，并最终想出了解决问题的办法。像这样，大家共同商议、解决问题的过程，法律上称其为"私人自治"。这六位小朋友，也是通过私人自治才解决了问题。

但是，有时也存在私人自治无法解决的问题。这时，往往会通过审判程序（民事诉讼）得出具有强制力的结论。对于六位小朋友来说，就六年级小组使用酸橙标志一事，他们决定寻求石井老师的帮助。因为石井老师的指示或者指导具有一定的强制力，所以可以说，石井老师提供的帮助与民事诉讼法所能提供的帮助具有相似性。

关于笔筒外观设计是否相似的问题，这与外观设计法中外观设计雷同的案例有着同样的性质。外观设计法规定，外观设计权的作用范围不但包括登记备案的外观设计本身，而且对于雷同的外观设计同样具有约束力。所以，如果说六位小主人公是笔筒外观设计的设计人，那么六年级小组就不能擅自出售有着相似外观设计的笔筒。但是，应该如何判断是不是"相似"，这实际上很难。关于这一点，真美提道："关于出售的商品是不是'相似'，那只要搞清楚'顾客是不是弄错才买的'是不是就可以了？……如果顾客是因为弄错才买的，不就说明两者很相似吗？……"实际上，真美的想法与外观设计法的观点不谋而合。

在石井老师的大力协助下，最终，六年级小组终于承认他们出售的笔筒在外观上抄袭了六位小主人公的构思，并愿意改变笔筒外观。这与外观设计法侵权案件性质相同。侵犯了外观设计权的人，必须停止侵权行为，赔偿对方的损失或者向对方申请使用许可等等。

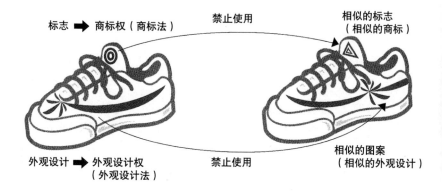

此外，外观设计法规定，要想实际取得外观设计权，就必须事先向专利局递交外观设计登记备案的申请。接到外观设计登记备案的申请后，专利局的审查官们就会判断是否批准其申请。如果评判结果认为其具备获取外观设计权的资格，那么申请人就会享有外观设计权。

三

关于笔筒标志是否相似的问题，这与商标法中商标雷同的案例有着同样的性质。商标法规定，商标使用权的作用范围不但包括登记备案的商标本身，而且对于雷同的商标同样具有约束力。所以，如果说六位小主人公是柑橘标志这一商标的设计人，那么六年级小组就不能擅自出售有着与柑橘相似的、酸橙标志的笔筒。当时，真美说道："没想到他们竟然故意在笔筒上画了一个与柑橘相似的酸橙标志……"这种盗用别人创意、利用顾客信任的做法，一般称做"搭便车（freeride）"。

在石井老师的大力协助下，最终，六年级小组终于承认他们的酸橙标志与六位小主人公的柑橘标志相似，并愿意停用酸橙标志、改用西瓜。这与商标法侵权案件性质相同。侵犯了商标使用权的人，必须停止侵权行为，赔偿对方的损失或者向对方申请使用许可等等。

此外，商标法规定，要想实际取得商标使用权，就必须事先向专利局递交商标注册申请。接到商标注册申请后，专利局的审查官们就会判断是否批准其申请。如果评判结果认为其具备获取商标权的资格，那么申请人就会享有商标使用权。

四

本篇的内容触及保护商品外观的"外观设计法"和保护商品或服务商标（标志）的商标法。正如之前所提到的，我们生活的这个世界存在着很多法律。遇到问题时，大家可以和小朋友们一起思考应该如何解决这些问题、是否存在规定了类似解决方法的法律等等。共同思考的过程，想必一定会很有趣吧。

后记

　　本书的故事围绕六位小主人公展开，其中本篇的内容是关于校园集市的。全书内容分别为：专利篇、外观设计·商标篇、著作权篇。虽然各篇的主题都是"保护知识产权"，但是讲述故事的时候并没有使用"知识产权"等晦涩难懂的专业术语，而是通过小朋友们对话的形式推动情节发展。关于本书的结构设计，在第1章中会设定故事发生的背景（法律适用范围）；第2章和第3章会遇到与"知识产权"有关的问题，孩子们会尝试着解决；第4章则向小朋友们介绍书中故事与成年人世界的共同点；第5章则向成年人（家长及老师）介绍本书的主题。本书在以下几方面进行了精心的设计：①用通俗易懂的语言阐述"孩子们在日常生活中遇到的问题"和"与知识产权有关的问题"的共同点（儿童世界与成年人世界的共同之处）；②用通俗易懂的语言介绍"孩子们解决问题的方法"与"知识产权法中提及的解决方案"的共同点（儿童世界的规则与成年人世界的规则的共同之处）；③最终，让大家意识到知识产权就在我们身边，并进一步了解保护知识产权的意义。

　　在本书的外观设计·商标篇中，主题定位为"保护设计图案（外观设计）和保护品牌（商标）"。在第1章"盼望已久的校园集市"中，提及了在商品流通过程中，设计外观及标志的必要性；第2章"相似的笔筒！"中，则产生了与热卖商品雷同的外观设计问题。第3章"酸橙标志的诞生"中，相似的商品标志引发了系列问题。第4章"知识窗"，则希望通过外观设计·商标篇的故事，让孩子们了解儿童世界与成年人世界的共同之处；第5章"致家长及老师"中，则借用专业术语对本书的主题进行了说明，旨在帮助大家加深对知识产权的了解。

有理由相信，通过阅读本书，孩子们之间或者孩子与大人们（家长及老师）之间，有机会对身边存在的规则及与规则相似的法律、身边随处可见的知识产权以及保护其的规则或知识产权法等展开探讨，进而深入了解知识产权法等法律或者人类社会的构成。真切地希望本书能够吸引更多的读者。

本书的出版与发行，得到了社团法人发明协会、知识产权研究中心、出版方诸多人士的大力支持。此外，高木义行先生对本书的装订等提出了宝贵意见，插图家日之友太先生则为本书创作了可爱且充满乐趣的插图。借此机会，对诸位的支持与帮助，致以最诚挚的谢意！

著作权篇

绘制运动会吉祥物

第1章 运动会吉祥物新鲜出炉

一

称呼自己为"俺撒"、活泼且精力充沛的小智。

个子比较高、看起来心不在焉但实际上却有许多点子和主意的健太。

个头不高但喜欢争强好胜、对女生有着强烈对抗意识的大福。

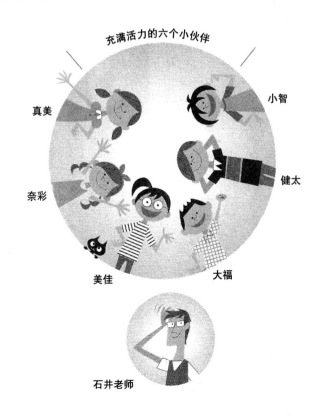

充满活力的六个小伙伴

真美
小智
奈彩
健太
美佳
大福
石井老师

戴着眼镜、做事认真、绰号为"小面包"的美佳。

习惯使用"偶"来表达自己、穿着洋气且性格开朗的奈彩。

温柔、善于倾听、说话一语中的且令人信服的真美。

今年四月，这六位各具特点的小伙伴就要升到五年级啦。若叶小学每年都会重新编班，换班主任老师，升到五年级时也不例外。幸好，这六个小伙伴这次又被分到同一个班——五年级三班。班主任老师也和四年级时一样，还是石井老师，大家都很喜欢他。

若叶小学每年的五月末都会举办运动会，四月时，大家都开始忙着准备：为比赛而训练、决定运动会上各小组的成员等。另外，同学们还要为运动会画吉祥物，每个班最后选出一张画作为代表。选出来的这张画将代表各班贴在校园里，直到运动会结束。

于是，五年级三班的同学们都在讨论运动会的事。

小智：俺肯定能被选上、代表班级去参加接力比赛！

大福：我也要参加接力赛！

每个班接力赛的选手中，男生、女生各有四名，从跑得最快的学生中选择。除了接力比赛，其他各项比赛是每个学生都要参加的。

大福：小智肯定会被选上的。我跑不了那么快，也不知道能不能被选上……可是，要是真能当上接力比赛的选手，那可太酷啦！从现在起我每天都会训练，一直到测速选拔那一天！

奈彩：偶比小智跑得还快，肯定能选上啦。一定会追上其他队里的男生。

大福：哎呀！那可就不可爱啦。

奈彩：接力赛本来就是竞争，总比被别人赶上强吧。是吧，美佳，真美。

真美：嗯，没错。

美佳：被别人追上也没什么不好啊，只要尽力就行了呗。

奈彩：说什么呢美佳，有你这么说的吗？

大福：我就说嘛，"小面包"就这点不好。

"小面包"是美佳的绰号。正在学钢琴的美佳有一次在教室里，当着同学们的面说她很崇拜肖邦，大福听了之后说道："哈？你竟然崇拜什么'小面包'？好歹你也得选个'法国面包'啥的吧。"大福的话引得大家哄堂大笑，从那之后，大家开始戏称美佳为"小面包"。

听到大福这么说，美佳走出了教室。

真美：美佳本来就不擅长运动，听了小智、大福、奈彩的话，一定十分羡慕。可是她还是会想，开哪门子运动会啊，不开就好了。其实，美佳她自己也不愿意跑不过别人啊。我和美佳一样，不擅长运动，所以我很理解美佳的心情。这种心情，小智、大福、奈彩可能很难体会……

说完，真美就出去找美佳了。

小智：这气氛有点不对劲儿啊。俺也没说错什么吧。

大福：我们有什么错？运动会就得有拼劲，没有拼劲的人才有错。

奈彩：可是，我们这么喜欢运动会，是不是真的不懂美佳和真美的心情啊。所以，还是别不管不顾地就说什么"没有拼劲的人才有错"吧。

健太：接力比赛让想跑的人参加就好了。按照每个人的速度来选选手什么的，我是不太赞成。

大福：说什么呢，健太。只有速度快的人，才能代表班级参加比赛啊！要是速度慢却还想参赛的人都能当上选手，那接力比赛还有什么看头啊。你这家伙跑得那么快，很有希望被选上哦。加油吧。

健太：跑得快也不一定就想参赛啊。我可不喜欢运动会。要是有象棋比赛，我肯定争着去参加。啊，对了！我还得去图书馆解一个象棋残局呐！

说完健太也出去了。

六个小伙伴以前总是很团结，可是这次感觉似乎有点不太对。

二

第二天。

全班人都要构思运动会的吉祥物，并把它画出来。

绘制运动会
吉祥物

石井老师：从现在开始，大家都要画运动会的吉祥物。按照自己的喜好画就行了，用画笔也行，用万能笔也行，用蜡笔也行。好，大家开始！

在石井老师的号召下，大家开始认真构思自己想象中的运动会吉祥物，并把它画在大大的画纸上。

石井老师：喂，小智。你画的这是什么？

小智：这个啊，画的是俺在接力比赛中超过对方选手的场面。

石井老师：哦，不错。这么说，马上就得组织大家测一下跑步速度，然后选出代表我们班参加接力比赛的选手了。可是小智，现在不是要你画运动会的海报，而是设计运动会的吉祥物。我刚才不是说过了？

小智：是吗？不是画运动会的海报啊？

石井老师：小智，你根本没有听老师讲话嘛。

听了石井老师和小智的对话，大家都笑了。但是，美佳没有笑。

美佳：老师，请您安静一点。精力分散了就画不出来了嘛。

大福：没什么吧。不就是小智和石井老师说会儿话嘛。

石井老师：美佳说得对。大家不要打扰正在画的同学。

大福：小面包，你真让人不爽。

大家一边说一边无精打采地画着自己设计的吉祥物。而美佳则是全神贯注。

不一会儿，大家陆陆续续画出了自己设计的吉祥物。有的只是用铅笔画的，有的还涂上了颜色……

三

石井老师：大家绞尽脑汁，终于把运动会的吉祥物画出来啦。感觉你们都很用心呢。不过，老师最喜欢这幅作品，大家觉得如何？

石井老师向大家展示了一幅画。是美佳画的。画上的吉祥物是一个充满气的气球，气球上画了一张笑脸，此外还有手和脚。吉祥物的名字是"小助"。美佳解释说，小助会出现在比赛中暂时落在最后的学生身边，为他加油。

健太：气球呢，给人感觉，要是有了困难，只要喊一声，它马上就会飞过来帮忙。嗯，我觉得这个好。

真美：如果有小助在，我觉得即使跑最后一名也不会伤心了。

小智：貌似小助也会为跑第一的人加油，说不定会站在俺这一边……

奈彩：我觉得吧，小助是一个气球，即使有人摔倒了，它也会垫在下面保护他。我很喜欢这一点。

石井老师：哦……老师喜欢的看来大家也喜欢啊。大福怎么一直没说话？大福，你觉得怎么样？

大福：啊，既然大家都说好，那我也说好吧……

石井老师：哦？你对这事儿不怎么感兴趣呢……

小助

（小助腿那么短，样子太奇怪了……）

大福小声嘟囔道。

于是，美佳画的吉祥物被选为五年级三班的吉祥物代表。本来美佳有些没精打采，见到大家都选自己设计的吉祥物，变得非常开心。看到美佳这么开心，真美也觉得很开心。

第2章 谁动了美佳的画?

一

　　美佳的画贴在了办公室门前。五年级三班的同学们每天都去看美佳的画，想象着小助的性格与特异功能等等。

　　然而，有一天……

奈彩： 不好啦！不好啦！

真美： 怎么了，奈彩？

奈彩： 那个……美佳画的小助，不知道让谁给随意修改了。

健太： 啊，改成什么样了？

奈彩： 腿变长了。

小智： 哈哈哈哈哈哈。好玩好玩。

奈彩： 什么好玩不好玩的，小智。我们得把"犯人"揪出来。

大福： 还是不要用"犯人"这样的词吧。小助本来很难看，这么一改说不定变好看了呢……

小智: 哦。会变得好看了……

健太: 喂，你们说什么呢。美佳的画让人随意修改了，这可是大问题。

真美: 嗯，健太说得对。美佳的画让人改了，我们得想想她的心情。真可怜。

奈彩: 就是啊。美佳费了那么大劲儿才画出来的，也不说一声，就随随便便地把腿改长了，换谁谁也不会乐意啊。

小助

小助

五年级三班　田中美佳

真美: 哎，美佳怎么不见了呀。兴许是看到自己画的画被人随随便便地改了，正伤心呢吧……真让人担心。

奈彩: 大家一起去找美佳吧。

健太: 好。

小智: 好，俺这就去食堂看看。

奈彩: 去什么食堂啊。我看你不是想去找美佳，是想去看今天都有什么菜吧。

小智: 被你戳穿了……

奈彩: 现在不是开玩笑的时候!

大福: 大家吵什么呀，快别管美佳了。不就是腿变长了嘛，我倒觉得腿长了更好。

奈彩: 大福，你说这话是什么意思啊? 好像是在说你把腿改长了。

大福: 什么啊，我才不知道……

奈彩: 你不是说"觉得腿长了好"吗?

大福: 我、我都说我不知道了。

说完大福就走出了教室。

健太： 我觉得他好奇怪啊。

小智： 大福这家伙……

小智、健太、奈彩和真美决定去找美佳。

二

四个人经过图书馆时，听到有人在小声地哭。

小智： 谁在哭啊？

健太： 就是啊，还是个女生。

真美： 一定是美佳。只有她才有这样的哭声。

奈彩： 每次美佳哭的时候，真美都陪在她身边。既然真美这么说，那肯定不会错了。我们进图书馆看看吧。

四个人打开了图书馆的门。然后，他们发现，美佳正蹲在最深的一个角落哭鼻子。

真美：美佳，你心里一定很不舒服，很难过吧。

奈彩：是啊。美佳好不容易才画出来。

健太：随随便便改别人的画真是太没礼貌了。美佳就像小助的妈妈一样，美佳和小助是一体同心的。恶搞小助，就等于是恶搞美佳嘛。

小智：说不定，是大福想恶搞一下才这么做的……

美佳：小智，这是怎么回事？你是说，是大福把腿改长的？

小智：不、不是，我有没证据。只是觉得可能是大福干的。

这时，突然传来大福的声音。

大福：是我干的……我觉得腿长了更好才……所以才改了一下。可是，刚才听完大家这番话，我觉得自己真是做了件很不光彩的事。我又不好意思承认……不过现在，我已经把小助的腿改成和原先一样长了。

美佳：大福，我本来很伤心的，可现在好多了。我不会生你的气。

真美：美佳人真好。

大福：怎么说，小助也是小面包辛辛苦苦画出来的。要是自己的画被别人随随便便涂改了，我也会很不乐意、会很生气的。美佳，对不起，我向你道歉。

小智： 没关系的啦，
大福。

奈彩： 你抢了美佳的
词啦。

大家都笑了起来。
美佳也不再哭了。

石井老师躲在旁边，
听了他们的对话，自言自
语道：

还担心会出什么事呢，
看来我不用出面了……自己的画让人随意涂改了会很不乐意……美佳和
小助是一体同心……恶搞小助，就等于是恶搞美佳……说得太对了，这
帮孩子说得真不错。小助，你快来帮帮老师吧，我都没有出面协调的机
会啦。这个……哈哈哈。

三

五月上旬。距运动会还有一个月。

小智、健太、奈彩被选为接力比赛的选手。健太想把参赛资格让
给大福，不过被大福拒绝了，因为那样的话，参赛资格就是别人让给他
的，而不是自己争取的。健太把自己最爱的象棋棋子——"车"一字写
在接力棒上，决心在比赛中全力奔跑。大福因为没有当上接力比赛的
选手，十分懊丧。于是他加入了白队拉拉队，打算挥动着绘有小助的大
旗，为大家加油鼓劲。真美加入了医疗组，为受伤的人提供帮助。美佳

加入了广播组，专门播报与
运动会有关的信息。大家干
劲十足，满心期待着运动会
早日到来。

　　而且，美佳画笔下的
小助，在学校里也大受欢
迎。不仅是五年级三班的所
有同学，其他班级的孩子们
也常常跑到办公室门前看贴
出来的小助。

　　大福：不好啦，不好啦！

大福满脸通红地跑进五年级三班的教室。

　　小智：怎么了？

　　大福：刚才我经过办公室门前，发现小助那副画的下面原来贴着的
那张纸，就是写着美佳名字的那张纸，被人撕下来了！

　　奈彩：你说什么？这是真的吗？

　　大福：我干吗要说谎嘛。

　　健太：是让人撕下来的，还是自己脱落下来的？这可大不一样啊。
到底是哪一个？

　　大福：肯定是让人撕下来的。

　　真美：怎么讲？

　　大福：写着美佳名字的那张纸被人撕破了，只有名字部分不见了。

听说了这事，美佳低头不语。大家看着美佳，不知道该说什么好。

小智：俺去瞧瞧。

说着小智走出了教室。

奈彩：这不是故意找碴嘛，小助明明那么受欢迎。

大福：也许吧。

大家正说着呢，小智匆匆跑了回来。

小智：俺刚刚看过了，原先写名字的地方贴着一张纸，上面用铅笔写着："不许写名字"。

奈彩：看来还真是找碴。

健太：虽然我不知道谁对小助看不顺眼，但小助是美佳想出来、画出来的，这是千真万确的事实。所以在自己画的画上写上自己的名字，这也是理所当然的。

真美：嗯，我觉得健太说得很对。在自己的东西上写上自己的名字，是理所当然的。人家的东西上写着人家的名字，怎么能擅自把主人的名字擦掉呢？！

奈彩：就是啊。美佳又没让他帮忙把自己名字擦掉！

大福：好。那我给撕掉美佳名字的人留张字条。

奈彩：写什么？

大福：写"犯人滚出来"啊。

小智：大福，再加上一句"俺们饶不了你"！

大福：就这么办。

健太：你们这么写，那人会反省自己的行为吗？

奈彩：就是啊，怎么听起来像要打架。

大福：那你们说写什么啊。

真美：这么写怎么样……"这张画是美佳画的，归美佳所有，里面凝聚着美佳的心血与情感，如同美佳本人一样。她只是在自己的东西上写上了自己的名字，这有什么错？"

健太：这样写好。在自己的东西上署上自己的名字是理所当然的权利。

奈彩：我这就按健太和真美说的写。

大福：然后贴在小助画那里。

真美：等一下。再加一句吧："自己画的画上写着自己的名字，却被人随心所欲地撕了下来，换做你，你也会不开心吧？"

奈彩：是啊。将心比心，肯定会不开心啦。好，我把真美的意见也加进去。那我先走了。

美佳看上去没有什么反应，于是大家将奈彩写好的字条贴在了小助的旁边。

大福： 这样就行啦。

小智： "犯人"会不会看呢？

健太： 他就是看不惯小助受欢迎，才把写着美佳名字的那部分撕下来的。所以，我想他一定会过来看。

奈彩： 要是"犯人"看了这个，能反省自己的过错就好啦。

四

几天后的早晨。

六人来到办公室前看小助时发现，石井老师正用胶带把一张写着美佳名字的纸条，贴在小助的画上。

美佳： 石井老师，早上好。为什么老师会有写着我名字的纸条呢？

大福： 不会吧，莫非老师是那个"犯人"？

奈彩： 是不是老师把写着美佳名字的那部分撕掉的？

石井老师： 说什么啊你们？不要瞎说。

小智： 可是这也太奇怪了。为什么老师会有这个纸片？

健太：这不正是老师是"犯人"的证据吗？

真美：可是，老师没有理由把美佳的名字撕掉啊。

石井老师：真美说得没错。老师没有理由做这种事嘛。今天早晨，老师来到办公室，看到我的桌子上放着一张纸条，上面还写着美佳的名字。所以，老师就用胶带把这张纸贴在了小助下面。

美佳：老师的桌子上还放了其他什么东西没？

石井老师：别的就没有了。

美佳：这样啊……

大福：这样一来就和原来一样了，也挺好啊。

奈彩：是哦。这样一来，大家都会知道小助是美佳的作品了。

健太："犯人"把写着美佳名字的纸条放在石井老师的桌上，也就是说他看到了我们留的字条。看了字条才想到，自己做了对不起美佳的事情。所以他才把那张纸条还回来吧。我觉得肯定是这样。

真美：嗯。那人撕下纸条后并没有扔掉，一直拿着，而且看到我们留的字条，还把纸条放回到石井老师的桌子上。这可以看出，那人也知道自己做错了事。

美佳：他最后还是把纸条还了回来，所以我觉得他也不是坏孩子。

小智：那好吧，俺原谅石井老师。

石井老师：喂，老师可不需要什么原谅，而且还是小智的原谅。小助，你快帮帮老师吧。

石井老师向小助做了一个许愿的姿势。紧接着，他身旁的小智对着小助摆出了一个"×"的手势。大家看着石井老师和小智，不约而同地笑了。美佳也重新展露出笑容。

第3章 惊现山寨版小助！

一

距离运动会还有一周。美佳的小助深受若叶小学全校学生欢迎。

举行运动会时，各年级的一班与二班组成红队，三班与四班组成白队。如此一来，五年级三班就被编入了白队。运动会的前一周，红队与白队的拉拉队将使用自制的队旗，分别练习如何为运动员加油鼓劲。

奈彩： 白队的队旗最棒了！因为有美佳画的小助。

真美： 太好了！美佳，你看小助多受欢迎！

美佳： 奈彩、真美，谢谢你们！这是我第一次喜欢运动会呢。

小智： 好，我会挥动这面旗为大家加油的！

大福： 让我也试试吧。把大旗舞起来，就像小助会乘风飞起来，去帮助白队的队员们一样！

大家精神振奋，热情高涨。

小智： 健太，刚才你就一直盯着红队看，想什么呢？

健太： 可是……你看那边。

健太指着远处红队的队旗。

大福： 那个，那不是山寨了咱们的小助吗？

小智： 俺这心脏都快要停止跳动了。

奈彩： 他们山寨了美佳的小助吧。

真美： 因为小助在学校里实在是太受欢迎了……

小智： 俺这就去找他们理论。

大福： 小智，等会儿。我也要去。

美佳： 小智、大福，不要去。现在是白队拉拉队的练习时间。

大福： 可是，连声招呼也不打，小面包的小助就让他们画到了红队的队旗上了。我咽不下这口气！

美佳： 小助这么受欢迎我当然很高兴。可是说实话，让别人偷偷地照抄过去，我也会觉得有点讨厌。哪怕打一声招呼也行啊。

大福： 是吧？他们不能这么干！练习一结束，我就找他们说理去。

拉拉队的练习暂停，进入休息时间。

石井老师： 喂，美佳。看到红队的队旗了吗？上面也画着美佳的小助。小助多么受欢迎啊！

石井老师一边望着红队，一边笑呵呵地说道。

健太： 石井老师，您怎么还能笑得出来呢。红队的人不和美佳打声招呼就把小助画在了他们的队旗上。

大福: 我这就和小智一起跟他们讨个说法去。

石井老师: 这样啊。红队的人盗用小助,大家肯定很生气吧。老师还以为,看小助这么受欢迎,大家会很高兴呢。

奈彩: 小助受欢迎,美佳还有我们都非常高兴。

健太: 可是,我觉得,一声招呼也不跟美佳打,就把小助画到队旗上,有点过分。

真美: 美佳也觉得有点不能接受呢……

石井老师: 这样啊。我知道了。那,如果红队事先跟美佳说一声,说想使用小助,美佳和你们就都能接受了,是吧?老师这就去把你们的想法说给红队的人听。

说完,石井老师就向红队的学生们走去。

石井老师和红队的学生们交谈了一会儿,之后就回来了。

石井老师: 美佳,红队的人说,他们非常希望小助出现在队旗上。红队的同学们也很喜欢小助。

白队队旗   红队队旗

美佳：大家说，我们应该怎么办啊。

奈彩：这话说的，美佳你自己决定呗。小助又不是我们画的。

健太：对啊，还是要美佳做决定。

石井老师是被助！

美佳：好吧石井老师。请告诉红队的人，他们也可以使用小助。

真美：美佳人就是好。

石井老师：好。那老师就到他们那边去了啊。老师我真是你们的"小助"啊。哈哈哈哈。

说着，石井老师就兴高采烈地向红队的学生们走去。

大福：老师刚才说什么哪。我们才是老师的"小助"，对吧。

小智：就是，明明一直是"被助"嘛！

健太：说得好，哈哈哈哈。

健太笑了，同时大家也一齐笑了起来。

二

运动会当天，美佳担任了播音员；真美为摔倒受伤的低年级小同学疗伤；大福大声为白队加油助威；之前还自称厌恶接力赛的健太，在赛场上快乐地奔跑。接力赛上，小智一口气将与红队半圈的差距缩小了很多。奈彩则赶超了红队的男选手，大放异彩。

结果白队还是输了。可是，对大家来说，结果怎样其实都无所谓。因为大家都很开心，这是为什么呢？

因为校长将特别奖颁给了"小助"。理由是，"小助"让运动会的气氛更加热烈，让全校学生紧紧团结在一起。

石井老师：运动会大家都尽力了。今天从现在开始，大家要写一篇运动会的感想作文。

然后，他将作文纸发给了大家。

小智：老师，你知道俺不会写作文嘛。真不想写啊。

大福：哈哈哈。因为小智的感想作文总是只有一行。"运动会我很开心"，是不是？

小智：你怎么知道的？

健太：大家都知道嘛。

奈彩：大福还说人家，你不也是写流水账吗。先是开幕式，接下来是准备活动，再然后是骑马打仗 ……

大福：你是怎么知道的啊？

真美：嗯，我们就是知道啊。

健太：哈哈哈哈，小智和大福就是这么简单。

这时，美佳发话了。

美佳：老师，不写运动会感想，写关于运动会的作文行不行啊?

石井老师：不太清楚你的意思，不过只要内容与运动会有关就行了。规定太多的话，估计小智的作文就只剩下一行了。

小智：老师怎么能这么说呢。您就是不说这些话，咱的作文不还是一行嘛。多完美。

大福：你还觉得挺美啊。

石井老师：小智，就算只写一行，你也要写得长一点啊。

小智：本文简洁、完美! OK! 老师，作文写完了。

石井老师：那不行，再想想，写得再长点，重写一次。

大家听着小智与石井老师的对话，开始写自己的作文。特别是美佳，写作文时她目光炯炯，全神贯注。

作文时间结束。

大家的作文被老师收了上去。午休过后，石井老师向大家介绍了几篇比较有趣的作文。

石井老师：大家的作文都写得很棒，充分地表达了大家对运动会的感受。有懊悔，也有喜悦。这里有一篇很有趣的作文，我来介绍给大家。

石井老师介绍的论文，正是美佳写的。作文的题目，是《"小助"的故事》。其中写了运动会上的各种趣事，写出了美佳自己的感想，另外，还写到了不少小助闪亮登场的场面。

美佳要通过话筒向大家广播运动会信息，而小助出现在她面前，缓解了美佳的紧张心情。多亏了小助，美佳出色地完成了广播任务。

当上了医疗组组员的真美在等待命令，小助出现在她面前，告诉她有个低年级的同学受伤。然后，真美帮助了这位哭泣的小同学。

大福挥舞着队旗为大家加油鼓劲，小助出现在他面前，说要帮他挥动队旗。所以，大福挥动队旗比任何人都要有力，让大家充满了勇气。

健太一度自称厌恶接力比赛，而小助出现在他面前，并对他说"努力奔跑、直到把接力棒交给下一个选手，这和你热爱的将棋招数——将军取车是没有两样的"之后，健太才开始快乐地奔跑。

接力比赛中，小智被红队落下了很长一段距离，而小助出现在他面前，告诉他红队的选手背后有小智最爱的咖喱面包。于是，小智加快速度向红队的选手奔去。

奈彩虽然跑得很快，但在真正的接力比赛中还是非常紧张。但小助出现在她面前说"超女们要在很多人面前唱歌跳舞，这点紧张不算啥。"这样，奈彩才克服了紧张，并赶超了红队的男选手。

除此之外，小助还出现在很多朋友的面前，给予他们鼓励。《"小助"的故事》说的就是这些事。

石井老师：怎么样同学们？这篇文章很有趣吧。小助像不像老师啊？

小智　　　　　　　　　　　　　健太　　　　　　　　　　　　大福

大福：哪里像了？不可能的嘛。

小智：老师是"小助"的表哥"被助"。

石井老师似乎希望大家说他像"小助"，不过即使小智笑说他是"被助"，他也并没有生气。

五年级三班的全体同学都很喜欢《"小助"的故事》。

这以后，班里有什么好事时，大家就会你一言我一语地说"因为有小助、多亏了小助"等等，气氛非常热烈。

而且，《"小助"的故事》在别的班级也开始大受欢迎。

<h2 style="text-align:center">三</h2>

九月。

若叶小学每年十月都会举行话剧晚会，五年级各班都要演一部话剧。九月的时候，各班都在商量怎么演。可是，决定话剧的内容和角色分配，要耗费很多时间。因为，不少学生都不愿意登台演出，即使想演

的人，也可能由于喜欢的角色太抢手，一时很难决定由谁来演。

不过，五年级三班的话剧和角色分配很快就定了，速度之快令人惊讶。

大家决定演《"小助"的故事》。一来大家都喜欢，因为其中有班里每个人的小故事，二来也不需要分配角色。另外，还可以由暂时不需要出场的人操控"小助"。

小智：好期待啊，还能拿到红队的人背后的咖喱面包。

大福：不对吧小智。你只是追着咖喱面包跑，并没有追上啊。只是缩短了和红队之间的那半圈距离。

健太：那我的将军取车那一幕怎么演出来啊……

奈彩：我学哪个超女好呢？

小智：不是要穿运动服吗？你可是在跑接力赛啊。

奈彩：我一定要扮一个超女明星。

大福：那不就和《"小助"的故事》不一样了吗？

奈彩：小智还说要拿到咖喱面包呢。

大家在教室里七嘴八舌地说着，石井老师进来了。

石井老师：有个大新闻！五年级一班也要演《"小助"的故事》。

五年级一班的同学们也很喜欢小助啊。

大福： 又来了，这些红队的家伙。

小智： 这哪里是小助，简直就是人人都想分一杯的"羹"嘛。

健太： 不过这次和队旗那次不一样，他们也不是照搬照抄啊。

真美： 是啊，这样一来，我们就不能要求人家不要演这个了。

大福： 我们可不能输给五年级一班那帮人！

真美： 我们在演技方面一定要超过五年级一班！

小智： 我们和他们一决高下吧！好，真开心呐。

石井老师： 好，同学们加油吧！老师就是大家的小助，随时都会帮助大家。

美佳： 我有个想法，虽说演小助的故事也可以，不过我们班演"被助"的故事也行啊。

奈彩： 我赞成！

真美： 好玩！

小智： 那我就演这个"被助"——石井老师吧。

大福： 那我就演小智吧，他和石井老师话说得多。

健太： 嗯。估计不会太感人……

健太自言自语地说道。大家不约而同地笑了起来。

这是一个让人食欲大振的秋天，是一个让人想要努力学习的秋天，是若叶小学充满欢声笑语的秋天。

充满活力的六个小伙伴，虽然有时会吵架。
近期我们再见。

第4章 知识窗

一

在本篇介绍的故事中，每当遇到问题时，大家都会聚集在一起进行讨论。这种解决问题的方法一般称为"规则"（更专业、更难一点的表达方式是"法规"或"法律"）。想必大家也听说过这一说法。大家都知道，捉迷藏等游戏也有规则吧。大家身处的这个世界也有各种各样的规则。学校里有班级的规则，如上课时不能交头接耳等等，还有全校的规则，例如不得随便进入花坛等。同样，大家居住的城市也有规则，日本这个国家也有规则，世界各个国家、国与国之间，也都有各种各样的规则。

如果有人很任性，总是制造出各种麻烦的话，就会给周围人造成困扰。所以，大家才共同商议出了很多规则、并严格遵守，这样才便于彼此开展活动。制定规则并严格遵守，可以说，这是人类生存的智慧。

例如，偷盗他人的物品是很恶劣的行为。所以，为了防止这类恶劣事件的发生，大家就制定了规则来惩罚做坏事的那些人。这类惩罚做坏

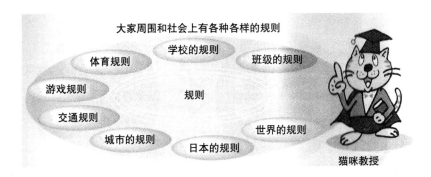

大家周围和社会上有各种各样的规则

体育规则　学校的规则　班级的规则

游戏规则　规则

交通规则

城市的规则　日本的规则　世界的规则

猫咪教授

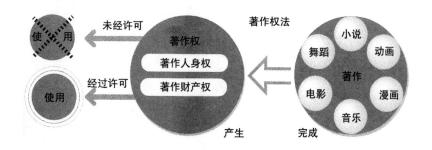

事的人的规则，我们称其为"刑法"。

在大家生活的这个社会，还有很多类似的人们制定的规则。

日常生活中出现什么问题时，大家是不是也和故事中讲的一样，一起商量、解决问题呢。在日本这个国家，在大家所在的地区，也存在着一种与日常生活中大家共同商议解决问题相类似的规则——"法"。

这个故事中，六个小伙伴谈到了运动会吉祥物的事。其实，关于能否随意修改别人画出的吉祥物，能否不署上作者的名字，能否随意使用别人的吉祥物等情况，日本是有特别规定的。这就是"著作权法"这部法律。

制定法律时，往往先由大家投票选出本地区的代表，然后来自全国各地的代表们齐聚国会，在国会上展开讨论并最终制定出相应的规则。

二

著作权法，就是保护各种作品的规则。大家身边的画、音乐、故事、舞蹈、照片、电影等都是作品。

根据著作权法规定，某件作品的创作者仅在一定期限内拥有独占这件作品的权利，著作权法会保护他的这一权利。画、音乐、故事、舞蹈、照片、电影等作品，为提高日本的文化水平作出了贡献，通过保护这些作品，可以鼓励人们创作更多的作品，使日本的文化水平进一步提高。

日本的动画和漫画被认为是世界第一，而动画、漫画也是一种作品。动画、漫画、音乐、电影等作品给予人们感动和勇气。正因为存在大量的作品，我们的精神生活才会丰富多彩。

可是，如果大家随意使用这些作品，会有什么后果呢？如果作者发现自己的作品被擅自使用，他一定会伤心不已。如果谁都可以随意使用别人创作的作品，可能大家都不会去努力地创作了。生活中没有新的音乐、电影、漫画……那该多无趣。

著作权法的存在，就是为了防止这种事情发生。有了著作权法，大家才能放心地从事创作，大家的身边才能充满感动。

这个故事中，大福没有经过美佳的许可就擅自修改了小助的画，而这种行为是被著作权法所禁止的。此外，有人随意将写着美佳名字的纸条从小助的画下取走，这种行为也是著作权法所不允许的。根据著作权法，作者有权要求自己的作品不被任意修改，有权在自己的作品上附上自己的名字。另外，作者还享有允许或不允许别人复制、使用自己作品的权利。

书上载有作者的名字，这正是基于作者的权利。电影的最后，是不是会出现很多人的名字呢。这与书的道理是一样的，也是基于创作人员的权利。电影的制片人、电影导演、摄影导演、美术导演等作者的名字，以及著作权的拥有方——电影制作公司的名字会出现在电影的末尾。另外，为拍摄、制作电影提供帮助的人，他们的名字也会出现，这是电影制作方在向他们表达感谢。这或许也是著作权法精神的体现吧。

第5章 致家长及老师

一

关于本篇中发生的故事，想必在很多小学都会看到类似的场景。若家长及老师回想一下各自的小学生活，或许也会有似曾相识的同感。

在孩子们以及我们大人们的日常生活中、在相互保持关系的家庭及社区中，即便没有相应的法律规定，但应该也会存在很多可以等同为"法律"的规定。在本书中，没有提到"什么是法律"等法律工作者通常考虑的非常难的话题，而是以大家共同商议后制定的规则来取代"法律"。

作为智慧的结晶，自古以来人类就制定了很多规则。由于规则会制约人类的行动，因此如果规则的数量过多就会让人感觉不自由；但如果太少，社会秩序恐怕就会变得杂乱无章。所以，在制定并运用规则时，有必要把握好其间的平衡。

与自然科学不同，人类世界里不存在绝对的事情。譬如一件事是否妥当，它的适用性就会成为需要人们考虑的问题。大家制定的规则也一样，如果缺乏适用性，那么就必须对其进行修正或者废除。法律也不例外，若随着时代的发展，法律变得滞后、缺乏适用性时，就必须废除，或者修正其内容、使其变得适应社会的发展。

二

这个故事中，六个小主人公对各种问题展开了商议并加以解决，如"小助"的画被随意修改，美佳的名字被人抹去，红队将小助用在自己的队旗上等。就某种问题进行互相商议并解决，用法律用语来说，这种做法叫做"私人自治"。这六位小朋友，也是通过私人自治才解决了问题。

根据著作权法规定，实际取得著作权，并不需要像发明专利权、外观设计专利权、商标权等那样，需要向专利局等行政机关申请，著作权的产生是随作品的完成而同时产生的。所以，当美佳完成小助的画时，就自动拥有了对这幅画的著作权。此外，《小助的故事》一旦完成，美佳就随之拥有了与《小助的故事》有关的著作权。

我们可以将发明专利权、实用新型专利权、外观设计专利权、商标权等理解为一项权利，但著作权与之不同，可以将其理解成各种权利的集成。著作权可以分为两大种类，一是与作者的人格不可分割的人格性权利（著作人身权），一是财产性权利（著作财产权）。

著作人身权包括保持作品完整权、署名权等。因为著作人身权与作者的人格是不可分割的，所以该权利不能让渡给他人。因此，对于小助，美佳既拥有不被任意修改的权利（保持作品完整权），也拥有要求署自己名字的权利（署名权）。大福在未经美佳许可的情况下任意修改了小助，美佳可以以保持作品完整权为依据，要求大福将画复原；有人将贴在小助下面的美佳的名字取走了，美佳可以以署名权为依据，要求在画上署上自己的名字。另外，对于《小助的故事》，美佳是其作者，是著作权者，因此也拥有同样的权利。

著作财产权中，最具有代表性的权利之一就是复制权等。作者可以将著作财产权作为一种财产权让渡给他人。例如，美佳就拥有他人不得随意复制小助的权利（复制权）。因此，如果有人想使用小助，就必须有美佳让渡复制权，或者说得到复制使用的许可。著作权用英语说就是"copy right"，任何与"copy"（复制）直接相关的权利都是复制权。此外，对于《小助的故事》，美佳是其作者，是著作权者，因此也拥有同样的权利。

在这个故事中，《小助的故事》被改编成了话剧，该话剧也是一种著作。它是由《小助的故事》这一著作改编而来的，根据著作权法，这被称作"演绎作品"。例如有一部小说风靡一时，有人将它改编成了电影。这部电影是以小说为基础制作的，因此是这部小说的演绎作品。

<h2 style="text-align:center">三</h2>

本篇的内容触及保护作品的著作权法。但正如之前所提到的，我们生活的这个世界存在着很多法律。遇到问题时，大家可以和小朋友们一起思考应该如何解决这些问题、是否存在规定了类似解决方法的法律等等。共同思考的过程，想必一定会很有趣吧。

后记

　　本书是系列丛书，故事围绕六位小主人公展开，其中本篇的内容是关于绘制运动会吉祥物。本书内容分别为：专利篇、外观设计·商标篇、著作权篇。虽然各篇的主题都是"保护知识产权"，但是讲述故事的时候并没有使用"知识产权"等晦涩难懂的专业术语，而是通过小朋友们对话的形式推动情节发展。关于本书的结构设计，在第1章中会设定故事发生的背景（法律适用范围）；第2章和第3章会遇到与"知识产权"有关的问题，孩子们会尝试着解决；第4章则向小朋友们介绍书中故事与成年人世界的共同点；第5章则向成年人（家长及老师）介绍本书的主题。本书在以下几方面进行了精心的设计：①用通俗易懂的语言阐述"孩子们在日常生活中遇到的问题"和"与知识产权有关的问题"的共同点（儿童世界与成年人世界的共同之处）；②用通俗易懂的语言介绍"孩子们解决问题的方法"与"知识产权法中提及的解决方案"的共同点（儿童世界的规则与成年人世界的规则的共同之处）；③最终，让大家意识到知识产权就在我们身边，并进一步了解保护知识产权的意义。

　　在本书的著作权篇中，主题定位为"保护著作权"。在第1章"运动会吉祥物新鲜出炉"中，提及了作品的完成及著作权的产生；第2章"谁动了美佳的画？"中，则产生了著作人身权中的保持作品完整权、署名权侵权问题等；第3章"惊现山寨版小助！"中，涉及著作权（著作财产权）中复制权侵权的问题；第4章"知识窗"，则希望通过著作权篇的故事，让孩子们了解儿童世界与成年人世界的共同之处；第5章"致家长及老师"中，则借用专业术语对本书的主题进行了说明，旨在帮助大家加深对知识产权的了解。

有理由相信，通过阅读本书，孩子们之间或者孩子与大人们（家长及老师）之间，有机会对身边存在的规则及与规则相似的法律、身边随处可见的知识产权以及保护其的规则或知识产权法等展开探讨，进而深入了解知识产权法等法律或者人类社会的构成。真切地希望本书能够吸引更多的读者。

本书的出版与发行，得到了社团法人发明协会、知识产权研究中心、出版方诸多人士的大力支持。此外，高木义行先生对本书的装订等提出了宝贵意见，插图家日之友太先生则为本书创作了可爱且充满乐趣的插图。借此机会，对诸位的支持与帮助，致以最诚挚的谢意！

广田浩一
2006年10月